KB021347

초라하게 창업해서 잘 살고 있습니다

Original Japanese title: SHOBOI KIGYO DE IKITEIKU

Copyright © 2018 Eraitencho

Original Japanese edition published by East Press Co., Ltd.

Korean translation rights arranged with East Press Co., Ltd. through The English Agency
(Japan) Ltd. and Danny Hong Agency

이 책의 한국어판 저작권은 대니홍 에이전시를 통한 저작권사와의 독점계약으로 책사람집에 있습니다.
저작권법에 의해 한국 내에서 보호를 받는 저작물이므로 무단전재와 복제를 금합니다.

야우치 하루키 지음
황국영 옮김

초라하게 창업해서

잘 살고 있습니다

Contents

STEP 03. 초라한 가게를 시작하자

STEP 04. 협력자를 끌어모으는 법

STEP 05. 초라한 가게를 유행시키자

STEP 06. 초라한 창업 사례

부록 _ 대담

돈에 집착하지 않는 삶 pha × 대단한 점장

풀 뽑기부터 시작하는 초라한 창업 샷킹다마 × 대단한 점장

안녕하세요, '대단한 점장'입니다.

갑작스럽지만 '창업'이라는 단어를 들으면 어떤 이미지가 떠오르나요?

제대로 한 방 터져서 성공하면 부자가 되고, 실패하면 빚만 잔뜩 떠안는 도박. 초기 투자비용과 운용비가 필요하기 때문에 1년 동안 쓸 돈 정도는 자금으로 마련하고 있어야 버틸 수 있는 일. 유행을 잘 읽는 극히 일부의 사람들, 특별한 능력을 가진 자들만이 성공할 수 있는 분야로 대부분은 월말에 대금 지불이라도 제대로 할 수 있을지, 과연 이번 달도 무사히 넘길 수 있을지 하루하루 마음 졸이다 얼마 안 가 생존경쟁에 밀려 무너져버리고 마는 세계….

'안정적인 생활이 최고다, 실패하면 끝이다'라는 가치관으로 살아온 사람들은 이렇게 생각할지도 모릅니다.

하지만 정말 창업은 그런 걸까요?

이 책에서는 창업에 관해 많은 사람들이 생각하는 것과는 완전히 다른, 막대한 창업자금도, 특별한 기술도, 엄청난 사업계획도 필요 없는 '초라한 창업'이라는 새로운 개념과 그 실천 방법에 대해 이야기해볼까 합니다.

간단히 자기소개를 하자면 저는 1990년생으로 아내, 아들과 함께 살고 있습니다. 회사에 다닌 적은 한 번도 없지만 나름대로 만족스럽게 생활하고 있죠.

대학 시절 '매일 아침 정해진 시간에 일어나 정장 차림으로 만원 전철을 타고 회사에 출퇴근하다니, 나한테는 불가능한 일이야'라며 취업 준비는 아예 생각조차 안 했습니다. 그러다가 이렇다 할 사업계획 하나 없이 어영부영 창업을 하게 된 거죠.

2015년 가을, 50만 엔 정도의 초기비용으로 첫 번째 가게인 리사이클 숍을 열었습니다. 이후 '이벤트 바'라는 조금 독특한 콘셉트의 바도 오픈했습니다. 아무런 계획도, 준비도 없이 시작한 리사이클 숍이 성공하고 바까지 잘되어 어느새 열 곳이 넘는 점포가 생겼고, 저는 기회가 될 때마다 사람들에게 초라한 창업을 권하게 되었습니다.

참고로 저는 리사이클 숍을 오픈하던 그즈음에 트위터 계정을 하나 만들어 '대단한 점장'이라는 이름을 쓰기 시작했습니다. '점장'이라는 호칭만으로는 개성이 드러나지 않는 것 같아 '나는 대단해!'라고 말하고 싶은 마음을 담아 이렇게 자칭했죠. 사실 그 당시에 저한테 대단하다고 말해주는 사람은 당연히 아무도 없었지만, 스스로 나 자신을 대단하다고 하지 않으면 아무도 그렇게 봐주지 않을 것 같았습니다.

그 후로 3년 동안 어찌어찌 사업을 확장한 덕분에 지금은 대단하다고 말해주는 사람이 꽤 생겼습니다. 여전히 '대단한 점장'이라고 말하고 다닐 수 있는 것은 저를 대단하다고 생각해주는 사람들이 존재하기 때문입니다. 정말 감사한 일입니다.

자, 다시 창업 이야기로 돌아가보겠습니다. 지금은 대학이든 전문학교든 학교를 졸업하면 직장인이 되기 위해 취업을 준비하는 것이 당연한 시대입니다. 일본 국세청 사이트에 따르면 2016년 직장인의 평균 연봉은 정규직이 487만 엔, 비정규직이 172만 엔이었다고 하는데요. 정규직 사원 중에는 대기업에서 일하며 1,000만 엔 이상의 연봉을 받는 60세 부장님도 있을 테니, 20~30대의 실질적인 평균 연봉은 대략 350만 엔 정도가 아닐까 예상합니다.

아침 일찍 일어나 만원 전철을 타고 출근해서, 이해할 수 없는 지시를 내리는 상사, 말도 안 되는 이유로 화를 내는 고객, 끝없이 이어지는 야근에 시달리다 만신창이가 된 몸으로 다시 만원 전철 속에 흔들리며 귀가해, 다음 날 출근을 위해 잠만 자는 하루. 이런 날을 매일같이 반복하며 버는 돈의 액수입니다. 평균이라고 하니 더 낮은 사람도 있을 겁니다.

특별한 괴로움 없이 이런 일을 해낼 수 있는 사람이라면 괜찮습니다. 직장인에게는 직장인만의 장점도 많이 있으니까요. 그러나 세상에는 여러 가지 이유로 직장생활이 힘든 사람들이 있습니다. 도저히 아침 일찍 일어나지 못하는 저 같은 사람, 만원 전철을 견딜 수 없는 사람, 하루 8시간씩 책상 앞에 앉아 있기가 힘든 사람 등등. 예를 조금 더 들자면, 단순히 직장생활이 싫은 사람, 몸이 자유롭지 못한 사람도 해당되겠죠. 이런 사람들은 도대체 어떻게 살아가야 할까요?

걱정 마세요. 창업을 하면 됩니다.

"아까도 말했지만 창업하려면 돈이 필요하잖아요. 애초에 초기 자본도 없는데 운영은 또 무슨 돈으로 하고요? 잘될 리가 없어요. 괜히 실패하면 빚이나 뒤집어쓰지."

아니요, 할 수 있습니다. 그렇게 생각하고 있다면 더더욱 이 책이 제안하는 '초라한 창업'을 추천합니다. 제가 세운 수수께끼 같은 회사는 머지않아 창립 10주년을 맞이합니다. 저는 회장의 역할을 하는 자리에 올랐고, 오픈한 가게 중에는 매각한 곳도, 전국적으로 사업을 전개한 곳도 있습니다. 지금은 컨설팅과 투자로 생계를 꾸리고 있지요.

중요한 점은 '저라서' 성공한 것이 아니라는 점입니다. 솔직히 말해서, 약간의 요령만 있으면 그리 힘들지 않게 해낼 수 있습니다. 창업은 생각보다 쉽고, 창업은 도박도 아닙니다.

살아간다는 것은 생각만큼 어렵지 않습니다. 더 이상 회사라는 조직 속에서 살고 싶지 않은 사람, 취직 자체를 하지 못한 사람, 직장을 그만둔 사람, 창업은 했지만 방법이 잘못되어 실패한 사람, 여러 아르바이트에 도전했지만 꾸준히 계속하지 못하는 사람… 누구든 괜찮습니다. 아무 문제없습니다. 처음부터 거창한 일을 하겠다고 욕심내지만 않는다면 길은 얼마든지 있습니다. 일단, 이 책을 읽어주세요.

한번 해봅시다.

STEP 01.

이제 하기 싫은
일은 그만하자

조직에서 일하는 게 힘들다면…

정식으로 다시 인사드립니다. 안녕하세요, 저는 대단한 점장입니다.

머리말에서도 이야기했듯, 저는 학교를 다닐 때부터 '아침 일찍 일어나 만원 전철로 출퇴근하는 것이 싫다'고 생각했기 때문에 구직 활동 자체를 하지 않았고, 아무런 계획도 없이 창업을 했습니다. 회사에 다니며 치열하게 일해보고 싶은 마음도 없지는 않았지만, 저의 성향을 생각하면 아무래도 무리였죠.

학생 신분으로 창업을 했다고 하면 '의식 있는 학생 사업가'의 이미지를 떠올릴지도 모르지만, 저는 그런 케이스가 아니었습니다.

아침에 일어나기가 너무 힘들고, 별것 아닌 일로 남에게 고개를 숙이기도 싫다…. 이런 저의 특성을 냉정하게 분석해봤을 때,

조직에 들어가 월급생활자가 되어 사는 것은 거의 불가능에 가깝다는 사실을 학창시절부터 명확히 알고 있었습니다. 어찌어찌 운 좋게 졸업하기는 했지만, 대학 수업에 출석하는 것조차 힘들던 시기가 있었을 정도니까요.

이제 와 드는 생각이지만, 만약 어떤 회사든지 취업은 꼭 해야겠다고 마음먹었으면, 입사 정도는 할 수 있었을지도 모릅니다. 하지만 분명히 얼마 못 가 그만뒀을 겁니다.

이렇게 취직의 길에서 도망치던 저는 어떻게든 먹고살기 위해 일단 창업을 해보기로 했습니다. 그러니까 회사를 상장하고 싶다거나, 큰 회사를 세워서 혁신을 일으키고 싶다거나 하는 거창한 목적이나 꿈이 있어서가 아니었습니다. 내가 할 수 없는 것들을 하나하나씩 지워나가는 소거법을 통해 창업을 결정하게 된 것입니다.

처음에는 지인에게 일거리를 얻어 이런저런 돈벌이를 했습니다. 녹음 파일을 문서화하거나 글을 쓰는 등 소소한 일들이 대부분이었습니다. 그러던 중 리사이클 숍을 열었고 그다음은 학원을, 이후에는 당시의 유행으로 봤을 때 조금 특별하다고 느껴질 만한 분위기의 바를 시작하기에 이르렀습니다.

지금은 사업이 번창해 모든 일을 혼자 감당할 수 없게 되었

매일 아침 일찍 일어나 만원 전철을 타는 것은 아무래도 무리인 것 같아.

기 때문에 리사이클 숍과 학원은 다른 사람에게 넘기고, 저는 고문 역할로 참여하고 있습니다. 바의 프랜차이저 겸 회장으로서의 일은 그대로 맡고 있습니다. 동시에 지금까지의 경험을 통해 제가 만들어낸 '초라한 창업'이라는 콘셉트로 사업 프로듀싱과 컨설팅을 하고 있으며, 그 밖에 어설프게 돈이 되는 일들, 혹은 돈이 안 되는 일들을 두루두루 하는 중입니다.

'뭐야, 알고 보니 성공한 사람이잖아? 어쩌다 잘 풀렸으니까 저런 말을 하지'라고 생각하는 사람도 있을지 모릅니다.

누군가는 '지금이야 운 좋게 시기를 잘 타서 그렇지, 곧 빚더미에 앉겠네' 하는 마음으로 보고 있을지도 모르죠.

무엇을 성공의 기준으로 삼느냐에 따라 다르겠지만, 저는 처자식과 함께 잘 먹고 재밌게 살면 성공이라고 생각하기 때문에, 제 기준에서는 성공한 사람이 확실합니다. 사실 많은 분들이 걱정하는 모양이지만, 현재 상태로는 빚 한 푼 없이 사업을 운영하고 있으니 느닷없이 빚더미에 앉을 가능성도 그리 크진 않습니다. 그리고 제겐 이런 성공을 혼자 독점할 마음도 없습니다.

누구나 충분히 해낼 수 있습니다. 저 역시 창업 당시에는 이렇다 할 기술도 자산도 없는 지극히 평범한 사람이었습니다.

괴로운 일을
억지로
할 필요는 없다

처음에는 창업을 꿈꾸는 사람들을 위한 책을 쓰려 했지만, 결국에는 회사에 다니는 것이 괴롭거나, 구직 활동이 힘들거나, 아르바이트조차 버겁거나, 그 밖의 여러 가지 이유로 곤란을 겪고 있는, 창업은 생각해보지도 않은 사람들이 꼭 읽어봤으면 좋겠다는 마음으로 글을 썼습니다.

왜일까요. 앞에서도 말했듯 '당신은 괴로운 일을 할 필요가 없다'라는 것이 제가 가장 하고 싶은 이야기이기 때문입니다. 일이 재미없다, 월급이 적다, 원래 하고 싶었던 일이 아니다, 아침엔 도저히 못 일어나겠다, 상사나 거래처에게 알 수 없는 이유로 욕먹기 싫다, 매일매일 이렇게 살다가 죽어야 하나, 결국은 그만두게 될 회사 아닌가 등등…. 지금 회사를 다니거나 아르바이트를 하고 있는 사람, 혹은 취업을 앞둔 사람 중에는 이런 생각을 하는 분들이 꽤 많지 않을까요.

'시작은 월급생활자'라는
오래된 생각의
종말

먼저 '사람들은 왜 월급생활자가 되려는 것일까?' 하는 근본적인 질문에서부터 출발해봅시다. 직장생활을 한다는 것은, 회사와 계약을 맺고 자신의 시간을 파는 것입니다. 따라서 '월급생활자가 된다'는 것은, 예를 들면 주5일, 하루에 8시간씩 일하며 일정 금액의 월급을 받는다는 계약을 맺고 그 회사의 규칙에 의해 경영자나 혹은 상사의 명령에 따른다는 뜻입니다. 계약 내용에 따라 다르겠지만, 일 년에 몇 번 보너스를 받거나, 유급 휴가를 쓰거나, 사원 복지의 일환으로 특정 시설을 저렴하게 이용하는 것 등이 월급생활자의 장점일 겁니다.

　그곳에서만 받을 수 있는 이런저런 특혜 때문에 특정 회사를 다니는 사람이나, 직장생활이 딱히 힘들지 않은 사람은 샐러리맨으로 살아가도 아무 문제가 없습니다. 회사원이나 공무원은 안정된 수입이 어느 정도 보장되고, 그렇기 때문에 대출이나 신용카드 발급 심사도 쉽게 통과할 수 있습니다. 특별한 경우가 아니면 하루하루의 매상에 일희일비할 필요도 없고, 혈혈단신으로 수단 좋은 상인들 속에 내던져져 빈털터리가 되는 일도 없을 테죠.

이러니저러니 해도, 지금까지는 월급생활자로 살기 괜찮은 시대였습니다. 전쟁 전 일본에는 개인 상점이나 농가가 많았지만, 종전 후 고도경제성장의 물결을 타면서부터 회사에 다니는 월급 생활자의 수가 증가했습니다. 정년까지 묵묵히 성실하게 직장에 다니기만 하면 대부분이 결혼해서 아이를 낳고, 자동차를 사고, 근교에 작은 집 한 채를 마련하고, 아이들을 대학에 보내고 연금 으로 노후를 보낼 수 있던 시절이었습니다.

그러나 버블 경제 붕괴 후, 이른바 '잃어버린 20년'이 도래하 면서 이런 삶의 형태는 완전히 무너졌습니다. 직장인들은 회사가 언제 망할지, 자신이 언제 해고될지 모르는 상황에 처했고, 회사 는 어떻게든 도산을 피하기 위해 인건비를 삭감하고자 연봉이 높 은 고령의 직원들을 해고했으며, 젊은 인재를 헐값에 고용하고 산 업 합리화라는 명목 하에 한 사람 한 사람이 더 많은 업무를 소화 하도록 요구했습니다. 각각의 입장에서는 나름대로 최선의 대안 을 생각한 것일 테지만 젊은이들에게 월급생활자라는 선택지는 더 이상 최선의 대안일 수 없게 된 것입니다.

표면상 20만 엔이 될까 말까 한 금액, 실수령액으로 따지면

15만 엔도 안 되는 월급을 받으면서 야근을 하고, 가끔은 전근도 하며 매일 만원 전철에 몸을 싣고 출근해, 막차를 타고 귀가하는 일상에서는 괴로움을 토로하는 사람이 나타나는 것도 당연합니다(거듭 말하지만, 딱히 괴롭다고 느끼지 않는 사람도 있을 것입니다. 그렇다면 전혀 상관없겠죠).

개인적인 시간도 없고, 가족과 함께할 여유도 없습니다. 이런 환경 속에서 도대체 어떻게 결혼을 하고 아이를 키우라는 것일까요. 모든 사생활을 포기할 각오로 월급생활자가 되었다가 만약 그 회사가 잘못되기라도 하면? 계속 참고 다니다가 마음의 병이라도 생기면? 저금할 여유도 없었을 테니 집과 차는 둘째치고, 당장의 생활마저 위태로워집니다.

직장생활을
힘들어한다고
낙오자는 아니다!

직장생활을 힘들어하는 사람에게 '낙오자' 딱지를 붙여버리는 것은 옳지 않습니다. 간혹 "저 녀석은 낙오자야, 어떤 레이스에서도 못 이길 거야"라고 단정 지어버리는 사람들이 있는데요. 뭐라고 하든 자유지만, 도대체 그 '레이스'는 누가 주최한 것이며 승패는 또 누가 결정한다는 말인가요?

물론 누군가가 멋대로 주최해버린 레이스 따위, 신경 쓰지 않고 무시할 수 있는 사람이라면 상관없습니다. 하지만 대부분의 사람은 자신이 속한 세계의 가치관 속에서 살기 마련이죠. 언제부터인가 학교를 졸업하면 회사에 취직하는 것이 당연한 분위기가 되었습니다. 월급생활자로 산다는 것이 더 이상 '누구나 성공할 수 있는 안전한 길'이 아닌데도 말입니다.

월급생활자의 삶이 싫어졌다면 그만두면 됩니다. 아주 간단한 일입니다. 만약 유급 휴가를 쓸 수 있는 상황이라면 휴가를 챙겨 씁시다. 회사의 규칙을 따르다 회사가 싫어진 것이니, 적어도 그 규칙에 따라 누릴 수 있는 것은 모두 누리자고요. 그것조차 무리라면 그냥 그만둬버립시다. 회사에 다니면서 누릴 수 있었던 안전장치들은 사라질망정, '꽉꽉한 직장생활이 너무 싫어. 더는 못 견디겠어, 사람이 사는 게 아니야, 이대로 있다가는 어떻게 되고 말거야'라고 생각하며 꾸역꾸역 출근하는 사람의 삶보다는 훨씬 덜 불행하지 않을까요?

아르바이트를
하는 것조차
힘든 사람도 있다!

아르바이트가 고달프게 느껴지는 사람도 많을 것입니다. 스케줄이 버겁다, 아르바이트인데도 업무량이 너무 많아 거의 정직원처럼 일하고 있다, 역시나 아침이 괴롭다 등 이유는 다양하겠죠. 아르바이트는 그나마 선택권이 있으니 스스로 지원했겠지만, 막상 일을 시작해보니 생각과는 달라 버티기 힘들어 괴로운 사람도 있을 것입니다. 비단 아르바이트의 문제가 아니더라도 기본적으로 자신이 어떤 일을 힘들어하는지 아는 것이 중요합니다. 이 아르바이트의 이런 업무는 할 만하다, 전혀 힘들지 않다, 딱히 좋아하는 업무는 아니지만 허용 가능한 수준이다, 이 업무는 무리다, 의욕조차 생기지 않는다, 이런 차이와 경계를 '초라한 창업'을 위해서라도 미리 파악해둘 필요가 있습니다. 뒤에서 소개하겠지만, 아르바이트에도 아주 다양한 부류가 있으니까요.

돈 없이도
즐길 수 있는
일

'먹고살 수는 있다고 쳐도, 그 이상은 아무것도 할 수 없잖아. 여가는 무슨 돈으로 즐겨?'라고 생각하는 사람도 있을지 모릅니다. 그렇다면 여러분이 생각하는 여가활동은 무엇인가요? 오랜 친구와의 술자리나 이따금씩 노래방에서 스트레스를 해소하는 것 정도는 필요하겠죠. 하지만 이런 것들은 매달 예산을 세워 관리해야할 수준의 일은 아닙니다. 게임이나 도박 같은 것을 언급하는 사람들도 있을 텐데, 이런 경우에 대해서는 조금 더 생각해볼 필요가 있습니다.

사실 게임이나 인터넷 쇼핑, 도박, 경마, 술집, 어디에 돈을 쓰더라도 딱히 상관은 없습니다. 자신의 금전 상황에 부담되지 않는 선에서 취미로 즐긴다면 말이죠. 하지만 여가를 즐길 수 있는 방법이 이런 것들뿐이라면 이야기가 달라집니다. 정말 이 정도밖에 즐길 수 있는 일이 없을까요?

일단 지역마다 도서관이 있습니다. 관심 있는 장르의 책만 추려보세요. 족히 300권은 찾을 수 있을 겁니다. 하루에 한 권씩 부지런히 읽어도 1년은 충분히 즐길 수 있는 양입니다. 당연히 돈도 들지 않습니다. 무려 1년 동안이나 즐길 수 있지만, 초기비용이나 입회비도 일체 없습니다. 게다가 한 장르의 책을 300권쯤 읽으면 그 분야에 대한 지식이 쌓여 남부럽지 않게 의견을 말할 수 있게 됩니다. 이런 것이 바로 '문화생활' 아닐까요?

다들 자신이 살고 있는 지방의 자치단체에 세금을 내고 있을 텐데, 어떻게 보면 이것도 자기가 낸 세금을 쓰는 방법 중 하나입니다. 즉, 여러분이 낸 세금을 이런 식으로 돌려받을 수 있다는 뜻입니다. 매일같이 도서관의 책을 빌린다고 해서 "책을 너무 많이 읽으셔서 더 이상의 대여는 곤란합니다"라고 말하는 곳은 어디도 없습니다.

이 밖에도 지방자치단체들은 저렴한 돈으로 시간을 때울 만한 다양한 문화 서비스를 제공하고 있습니다. 도쿄 내에는 공영 박물관이나 미술관이 셀 수 없이 많습니다. 료고쿠 역 앞에 있는 커다란 건물인 '에도 도쿄박물관'도 좋은 예입니다. 이곳의 관람료는 600엔인데 아침에 들어가서 온종일 돌아도 다 보지 못할 정도로 전시품이 많습니다. 그야말로 문화생활의 극치죠. 파친코에서 1,000엔을 날리는 것은 순간이지만, 에도 도쿄박물관에 가면 600엔으로 하루를 보낼 수 있습니다.

물론 그 전시를 재미있어 하느냐, 아니냐는 교양의 문제입니다. 교양이 없으면 도서관에 가도 읽을 책이 없습니다. 교양의 유무는 '문화를 향유할 수 있는가' 하는 문제와 직결됩니다.

체력 단련을 위해 스포츠센터에서 운동을 하는 것도 시간을 보내는 좋은 방법입니다. 매달 만 엔 정도의 돈을 내고 동네에 있는 피트니스클럽에 다녀도 되지만, 돈을 더 아끼고 싶다면 구청에서 운영하는 스포츠센터나 수영장을 이용하면 됩니다. 갈 때 자전거를 타고 운동하고, 스포츠센터에서 운동하고, 집에 돌아올 때도 자전거로 운동을 하는 셈이죠. 이 또한 훌륭한 문화생활입니다.

게다가 요즘은 대부분 스마트폰을 사용하잖아요. 어디에서나 인터넷 접속이 가능하다는 뜻이겠죠. 인터넷은 '시간 때우기의 바다'라고도 할 수 있으니, 하나하나 훑어보다 보면 꽤 긴 시간을 보낼 수 있을 것입니다. 모두가 익히 알고 있는 위키피디아나 유튜브 같은 것을 통해서 말입니다. 거의 무한대로 시간을 쓸 수 있습니다.

자, 여기서 다시 처음으로 돌아가봅시다. 게임에 빠지든, 쇼핑을 하든, 아니면 다른 무엇을 하든 배우려고만 들자면 배울 것은 있습니다. 이 모든 것들이 시간을 보내는 방법의 하나로서, 개인의 수입으로 소화 가능한 범위에서 즐긴다면 별 상관은 없다고 생각합니다. 다만, "돈 없이는 시간을 보낼 수 없다"라고 말하는 사람은 무언가 잘못되었음을 깨달아야 합니다. 공짜로 즐길 수 있는 여가활동은 얼마든지 있습니다. 그저 당신이 재미있다고 생각하느냐, 그렇지 않으냐의 문제입니다.

참고로 한 가지 팁을 드리자면, 책 읽는 습관이 전혀 없거나 활자를 보는 것이 영 어렵다면 도서관에 있는 아동 코너를 추천합니다. 아동 문학 중에는 이해하기 쉬운 말로 깊이 있는 내용을 다룬 책이 많습니다. 가령, 미하엘 엔데의 《모모》는 대부분 아동 코너에 비치되어 있지만, 심리학을 공부하는 학생들의 필독서로 꼽힐 정도로 어른들이 읽어도 깊이가 느껴지는 책입니다. 생텍쥐페리 《어린 왕자》 같은 작품도 마찬가지입니다. 아동 문학 외에도 나쓰메 소세키의 《도련님》 등 그야말로 웃으면서 읽을 수 있는 책이 많습니다.

책은 도망가지 않고 늘 그곳에 있으니, 도서관에 한번 가보면 시간을 보내는 방법이 바뀔지도 모릅니다.

여기에 언급한 것은 어디까지나 하나의 예시일 뿐이지만, 어쨌든 '돈이 없으면 즐길 수 없다'는 것은 잘못된 생각입니다.

도망치고도
'살아내기' 위한
힌트

제가 이 장을 통해 전하고 싶은 말은 '싫은 일로부터는 도망치자'라는 것입니다. 이것은 최후의 수단입니다. 싫은 일로부터 도망치지 않으면 사람은 쉽게 병들고 맙니다. 죽음 앞에서도 쉽게 무너집니다. 싫은 일로부터 도망치지 못했기 때문에 생긴 가슴 아픈 사건들이 세상 곳곳에서 일어나고 있습니다. 과로로 세상을 떠난 사람, 마음을 다쳐 스스로 목숨을 끊은 사람, 이 모든 것이 도망치지 못했기 때문에 생긴 비극입니다. 싫은 일로부터 도망친 사람은 쉽게 죽지 않습니다. '세상의 일들은 장애를 뛰어넘지 못하고 사라진 사람들이 아닌, 살아남은 자들을 통해서만 전해진다'라는 의미의 '생존 바이어스'라는 말이 있습니다. 당신은 지금 살아가고 있으니 이미 그 생존 바이어스를 돌파하고 있는 셈입니다. 기뻐합시다. 목숨만 붙어 있으면 어떻게든 됩니다.

저 역시 '싫은 일로부터 도망친 사람' 중 한 명입니다. 그리고 도망친 사람 나름대로 어떻게든 살아가고 있습니다. 저는 싫은 일로부터 도망치더라도 어떻게든 살아낼 수 있는 방법의 씨앗들을 여기저기서 발견했습니다. 이제 여러분께 그 이야기를 전해볼까 합니다.

초라하지 않은 포인트 정리

- 싫어하는 일은 그만하자.
- '일단은 월급생활자'의 시대는 끝났다.
- 회사 생활을 못 한다고 낙오자는 아니다.
- 돈이 없어도 어떻게든 살아갈 수 있다.

STEP 02.

초라한 창업의 원칙

'사업계획'도
'은행 대출'도
필요 없다

자, 이제 당신은 창업을 결정했습니다. 먼저 무슨 일을 할까요? 꿈을 이루기 위해 치밀하게 사업계획서를 작성하고 은행에 가서 아쉬운 소리를 해가며 자금을 조달할까요? 가능하면 교통이 편리한 곳에 사무실을 차리고, 내부를 꾸민 다음, 집기를 마련하고 전화선도 연결하고… 물품을 확보하거나 거래처와 교섭도 해두고, 아르바이트생도 구해야 할 것 같다고요?

아니요, 다 필요 없습니다. 아무것도 없어도 됩니다.

이런 준비들이 필요하다면 그것은 '초라하지 않은 창업'입니다. 이런 창업에 대한 책은 이미 아주 많이 나와 있으니, 그중에 적당한 한 권을 골라 읽어보세요. 아무튼, 초라한 창업에는 돈이 들지 않습니다. 빚을 전제로 하지도 않습니다. 게다가 쉽게 망하지도 않죠. 어떻게 경영을 하냐고요? 지금부터 그 이야기를 해보려 합니다.

일상생활에
필요한 것을 만들어
남은 만큼 판매한다

가령, 농사를 시작한다고 해봅시다. 초라하지 않은 보통의 창업이라면 초기에 투자비용과 수고가 들더라도 품질이 좋고 수요가 있을 법한 작물을 길러서 브랜드로 만든 다음, 높은 가격으로 팔아 돈을 많이 벌 궁리를 하겠죠. 멜론이나 딸기 같은 것들로 말입니다.

그러나 '설렁설렁하는 자영업'이라 할 수 있는 초라한 창업은 정반대에 가까운 발상에서 시작합니다. 단가가 비싼 물건을 팔겠다는 생각은 전혀 하지 않습니다.

그렇다면 어떻게 할 것인가. 만약, 도쿄 근교인 사이타마에서 야채를 기를 수 있는 환경에 살면서 도쿄로 통학을 한다고 합시다. 수업이 있는 날은 전철을 타고 도쿄로 가야 하기 때문에 이미 정기권도 끊어뒀습니다.

이때 빈손으로 가면 단순한 이동이겠지만, 사이타마에서 기

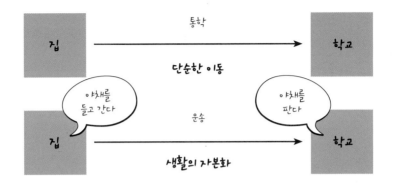

른 야채를 배낭에 가득 담아 등교한 후 도쿄에서 판매한다면 어떨까요? 그 순간 단순한 이동이 아닌 '운송'이 되는 것입니다. 사이타마에서 도쿄까지의 운송비가 무료가 되는 셈이죠. 도쿄의 학교 근처에서 야채를 판매할 경로만 확보하면 매일의 통학이 돈으로 바뀝니다.

해야 할 일은 평소와 다름없는 역에서, 평소와 다름없이 전철을 타고, 조금 무거워진 가방을 메고 등교해 야채를 사주는 가게에 전달하는 것뿐입니다.

이렇게 일상적으로 하는 행동을 돈으로 바꾼다는 발상은 초라한 창업의 기본적인 사고방식 중 하나입니다. 이것을 '생활의 자본화(비용의 자본화)'라 칭하겠습니다. 이 개념을 잘 기억해두세요.

처음부터
일확천금을
노려서는 안 된다

농사를 예로 한 가지 더 생각해봅시다. 다들 평소에 야채를 드실 텐데요. 어떤 야채를 즐겨 드시나요? 양배추, 감자, 양파, 당근… 이런 것들인가요?

초라한 창업으로 농사를 시작할 때 가장 먼저 생각할 것은 바로 자신이 평소에 즐겨 먹는 야채를 생산하는 것입니다. 평소에 돈을 주고 사 먹는 야채를 자신이 직접 기르면 그만큼 지출이 줄고, 사실상의 수입이 증가하게 됩니다. 이 역시 생활의 자본화의 한 종류죠.

언젠가는 대량 생산을 통해 큰돈을 벌 수 있을지도 모릅니다. 하지만 그것은 어디까지나 결과일 뿐, 처음부터 대량생산을 통한 일확천금을 노려서는 안 됩니다. 이는 필요한 지식과 기술, 토지를 충분히 소유하고 있거나, 실패해도 다시 일어설 수 있는 생활

수단과 배경을 가진 사람들이나 할 수 있는 일입니다. 그렇지 않은 사람이 경솔하게 손을 댔다가는 대량의 멜론을 처치하지 못해 어쩔 줄 모르게 되거나, 공들여 기른 딸기가 죄다 병드는 바람에 폐기처분을 하고 빚만 떠안게 되는 것과 같은 상황이 벌어질 수 있습니다.

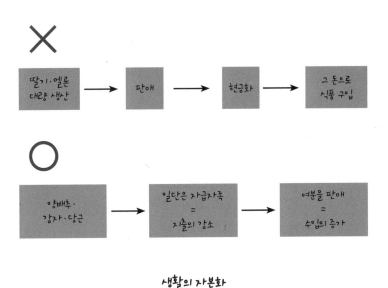

생활의 자본화

살아가는 데 드는 비용을 이익으로 바꾼다

제가 직접 가게 일을 할 때는 근처에 네 곳의 점포를 두고 함께 운영했었습니다(현재는 고문 혹은 그룹의 회장 같은 역할을 맡고 있습니다). 업종은 리사이클 숍, 바(음식점), 학원, 어학원이었죠. 후반에 운영했던 두 곳은 잠시 보류하고 초기에 창업한 두 가지 사업에 대해 말해보자면, 리사이클 숍과 바는 궁합이 굉장히 좋은 조합이었습니다.

무슨 뜻이냐고요? 여러분 모두 가전제품이나 가구를 사용하고 계실 텐데요. 당연히 돈을 주고 사셨겠죠? 대부분 대형 매장을 이용하셨을 테고요.

하지만 저는 리사이클 숍을 운영하는 사람입니다. 냉장고, 세탁기, TV, 청소기 등이 끊임없이 들어오죠. 물품을 옮기는 것 정도는 돈을 들이지 않고 간단히 해결할 수 있습니다. 원하는 가전제품도 얼마든지 고를 수 있습니다.

음식점에서 사용하는 전자제품과 집기들도 마찬가지입니다. 기본적으로는 리사이클 숍에 들어온 물건들을 그대로 재활용했습니다. 이 방법으로 내부설비 비용을 꽤 많이 절약했고, 사실상 이익을 얻은 것과 마찬가지의 결과를 얻었습니다.

제일 품질이 좋은 가전제품은 제가 썼습니다. 하지만 대부분의 가전제품은 한 집에 하나만 있으면 충분하니, 남는 제품들이 쌓이게 마련입니다. 이렇게 남겨둔 제품이 팔리기만 한다면 가장 좋은 물건을 무료로 구하고, 나머지는 판매를 하여 이익을 취하는 형태가 됩니다. 시간이 어느 정도 경과해 더 좋은 물건이 들어오면 그것을 쓰고, 기존의 제품을 다시 가게에 내놓으면 그만입니다. 감가상각이란 것이 있으니 영구적인 방법이라고는 볼 수 없지만, 거의 무한대에 가까운 제품을 아주 저렴한 가격에 사용하며 늘 새로운 제품으로 바꿀 수가 있었습니다. 이 역시 생활의 자본화, 비용의 자본화라 할 수 있죠.

음식점 또한 같은 원리입니다. 우리는 매일 밥을 먹습니다. 혼자 밥을 해 먹어도 어차피 돈은 드니까 차라리 조금 더 많은 양을 만들어보는 것입니다.

1인분 만들 것을 10인분 만든다고 해서 돈이 10배가 드는 것도 아니고(고기 100g을 살 때보다 1kg을 한 번에 살 때가 단가는 더 낮습니다), 10배의 노동력이 들 리도 없으니까요.

그리고 남은 9인분은 판매하는 것입니다. 그러면 실질적으

많이 만들었으니
판매하겠습니다.

로 나의 개인적인 식사비는 무료가 되는 셈입니다. 아니, 오히려
이익이 남겠죠. 살아가기 위해 꼭 필요한 식비의 부담을 이익으로
바꾸는 최고의 시스템입니다. 행복하지 않나요? 이것이 바로 초
라한 창업의 마음가짐입니다.

　　모든 생활을 자신의 노동으로 해결하고 남은 만큼 판매해서
자본으로 만든다는 개념을 한마디로 정리하면 '자급자족'입니다.
그야말로 기원전부터 이어져온 행위이지만 오늘날 이를 실천하
고 있는 사람들은 생각보다 많지 않습니다. 현대 사회에도 충분히
통용될 수 있는 방법인데 말입니다.

초라한 창업은
불황에 강하고
쉽게 망하지 않는다

앞서 말한 방법을 활용하면 원칙적으로 월세 때문에 파산하지 않는 한, 사업이 망하는 일은 없습니다. 필요한 음식은 스스로 만들어 먹고, 남은 밥이 팔리지 않으면 다음 날 먹으면 될 일입니다. 옷은 인터넷으로 얼마든지 싸게 살 수 있고, 때에 따라서는 얻어 입을 수도 있습니다.

아무리 심한 불황에도 끄떡없습니다. 현물 장사기 때문에 언제 금융위기가 닥친다 한들 두렵지 않습니다.

여러 개의 사업체를 운영하는 것은 위기를 피하기 위한 대책이 되기도 합니다. 하나의 사업이 월세 때문에 파산하면 그곳은 그대로 외주로 돌리고 돈이 되는 다른 사업에 주력하면 됩니다. 리사이클 숍과 음식점의 경우, 음식점의 수익이 높으면 리사이클 숍은 매각해버려도 상관없습니다. 냉장고나 식기를 매번 새것으로 바꾸지는 못하겠지만, 원래 냉장고를 그리 자주 바꿀 필요는

없으니까요. 사람마다 적성이 다르니 모든 사람이 생활의 전부를
자본화할 수는 없겠지만, 생활 속에서 자신이 할 수 있는 일, 일상
적으로 하는 일을 사업으로 연결시키는 것이 철칙입니다.

벌어들인 돈으로
생활하겠다는 생각부터
버린다

많은 사람이 "농사로는 먹고살 수 없다"는 이야기를 마치 진리인 듯 말하곤 합니다. 근거가 뭐냐고 물으면 월수입이 적기 때문이라는 답변을 하더군요. 하지만 이는 잘못된 계산법에 의한 착오입니다. 야채를 판매한 돈으로 밥을 사 먹으려 하면, 안 팔렸을 때는 밥을 못 먹게 되는 것이 당연하죠.

농가든, 음식점이든 직접 먹을 양을 스스로 만들면 됩니다. 월수입이 얼마든, 먹고사는 데는 지장이 없는 것이죠.

월급생활자의 삶의 방식이 너무 일반적인 기준이 된 탓에, 많은 이들이 '월수입'을 우선적인 척도로 삼습니다. 이런 사고방식 자체는 좋을 것도 나쁠 것도 없지만, 월수입 얼마, 연봉 얼마처럼 모든 것을 현금으로 환산해 생각할 필요는 없다는 관점을 지니고 있으면 어떤 사업을 하든 도움이 될 것입니다.

가지고 있는
자산을 활용해
돈을 번다

이렇게 생각할 수도 있습니다. 가령 당신이 승합차를 한 대 소유하고 있다고 합시다. 가끔 일이 있을 때는 타고 다니지만 평소에는 주차해두는 편입니다. 승합차를 사용하지 않는 동안에는 이사나 물건 운반을 위해 차를 쓰고 싶은 사람에게 렌트를 하면 어떨까요? 그냥 두면 차고에 세워진 차일 뿐이지만, 이렇게 하면 돈을 만들어내는 수단으로 바뀝니다.

구체적인 설명을 덧붙이자면 일본에는 '자가용 자동차는 국토교통부장관의 허가 없이 사업을 목적으로 유상 대여해서는 안 된다'는 법(도로운송법 제80조 2항)이 있습니다. 하지만, DeNA라는 회사가 제공하고 있는 'Anyca' 서비스의 경우, 차를 빌리는 사람(사용자)이 차의 소유자와 공동사용계약을 맺기 때문에 Anyca 자체는 어디까지나 '개인 간의 자동차 렌털을 중개하는 서비스'일 뿐이라고 설명하며 도로운송법의 규제를 회피하고 있는 듯합니다(이 부분에 대해서 흥미가 있는 분들은 개인적으로 조사해보세요).

이미 소유하고 있는 자산을 활용해 돈을 번다는 것은 생활의 자본화의 발전형으로, 자산의 자본화라는 개념입니다. 초라한 창업의 또 하나의 축이라 할 수 있습니다.

초라한 창업의 기본적인 사고방식에 대해 조금 이해가 되셨나요? 이제부터는 생활과 자산의 자본화가 어디까지 가능한지 알아보도록 하겠습니다.

초라하지 않은 포인트 정리

- 사업계획도 은행의 대출도 필요 없다.
- 늘 하는 작업을 돈으로 바꾸는 '생활의 자본화'.
- 이미 소유하고 있는 자산을 활용해 돈을 버는 '자산의 자본화'.
- 초라한 창업은 불황에 강하며 쉽게 망하지 않는다.
- 벌어들인 돈으로 생활하겠다는 생각을 버린다.

STEP 03.

초라한 가게를 시작하자

창업을 하려면
큰돈이 필요하다는 것은
새빨간 거짓말

어디 가나 쓸데없이 참견하는 사람은 있는 법. 무슨 일만 하려고 하면 "그런 일에는 거금이 드니까 각오하는 게 좋을 거야"라고 말하는 아저씨 한 명쯤은 꼭 등장합니다. 가게를 열 때도 그렇고, 결혼이나 육아에 대해서도 마찬가지입니다.

'각오해 아저씨'의 말에 따르면 아이를 키우는 데 2,000만 엔이 든다더군요. 저는 초등학교부터 고등학교까지 공립을 다녔고, 사립대학의 학비는 스스로 마련했습니다. 보습학원이나 입시학원도 다닌 적 없습니다. 저희 부모님은 자식의 교육에 큰돈을 들이는 분들이 아니었고, 저는 돈이 별로 들지 않는 아이였습니다. 그래도 딱히 부족함은 없었지요.

돈이란 들이려고 하면 끝도 없이 들고, 들이지 않으려고 하면 그다지 들지 않는 것입니다. 저도 얼마 전에 부모가 되었지만, 비슷한 방법으로 적당히 아이를 키울 생각입니다.

가게를 여는 일도 똑같습니다. 이케부쿠로 지역에서 아주 열심히 걸으면 도보로도 갈 수 있는, 제가 살고 있는 도시마구의 변두리에는 월세 8만 엔 정도의 가게가 많이 있습니다. 믿기 어렵다면 '이케부쿠로 점포 월세'로 검색해보세요. 그 동네의 부동산에 직접 가봐도 좋습니다. 계약금으로 세 달 치 정도의 월세를 내야겠지만, 기본적으로는 10만 엔 이하의 금액으로 임대할 수 있습니다. 그러면 초기비용으로 대략 50만 엔 정도가 들게 됩니다. 점포 월세라곤 하지만, 아마 여러분이 살고 있는 작은 오피스텔의 월세와 비슷한 수준일 것입니다. 차라리 이사 한 번 한다는 생각으로 개업을 해봅시다.

나는 오늘부터
'가게'에서 살기로
했다

처음에 저는 단 1엔의 매상을 올릴 욕심도 없이 '집이 아닌 가게를 빌리면 재미있겠다'는 가벼운 생각으로 시작했는데 어찌된 일인지, 조금씩 수수께끼 같은 매상이 생기기 시작했습니다. 본가에서 가져온 옷을 100엔 정도의 가격에 내놨더니 아주 잘 팔리더군요.

집에 쌓아둔다고 옷이 팔리지는 않지만, 가게를 집으로 삼으니 옷이 팔렸습니다. 월세에 보탤 수 있겠다는 생각에 기뻐하고 있었더니, 이상한 물건들이 잔뜩 팔리기 시작해 첫 달에 40만 엔 정도의 매상을 올렸습니다. 어처구니없는 일이었습니다.

어차피 월세를 내야 한다면 집보다 가게를 빌리는 편이 낫겠다는 단순한 생각이 '어? 생각보다 잘 팔리잖아. 월세는 벌겠어!'로 변하더니, 나중에는 '아니, 이 정도 이익이면 이걸로 먹고살 수도 있겠는데?'로 바뀌었습니다. 영문은 알 수 없지만 가게에서 생활하는 김에 문을 열어뒀더니 웬일인지 물건이 팔려 돈을 벌었습니다. 여기서부터 모든 것이 시작되었죠.

요즘에는 모든 사람을 환영한다는 콘셉트의 오픈 스페이스 같은 대안 공간이 종종 눈에 띄는데요. 그런 곳에 들어가기가 의외로 힘들지 않나요? '누구라도 좋으니 편하게 들어오세요'라고 적어둔 교회 같은 곳 말입니다. "왠지 못 들어가겠더라고!"라는 말이 튀어나오죠.

하지만 가게는 다릅니다. 물건을 판매한다는 명확한 목적이 있기 때문에 사람들이 드나들기 쉽습니다. 사람들이 관심을 가지지 않을 물건들로만 일부러 채워놓지 않는 한, 누군가는 들어옵니다. 가게 문이 안 열려 있으면 문을 왜 안 열었는지 궁금해서 들어오기도 하고요. 물론 대부분의 사람은 들어와서 돈을 쓰지 않지만, 그래도 상관없습니다. 어차피 기본적으로는 집이니까요. 원래자기 집에 산다고 누가 돈을 주지는 않으니까요.

초라한 창업이 궤도에 오르기 전까지는 그냥 집에 사는 것보다 오히려 더 힘들 수도 있습니다. 아무도 도와주지 않기 때문입니다. 서류상으로는 사장이지만 직원이 없으니 매입도, 진열도, 손님 응대도, 화장실 청소도 모두 직접 해야 합니다. '자금도 필요 없다! 누구에게도 기대지 않는다! 기본적으로 모든 일은 스스로 한다!'라는 각오로 시작하지 않으면 애초에 할 수 없는 일입니다.

어떻게든
매일 가게를 열면
결국 돈이 된다

일단 개업을 했으면 고집으로라도 매일 문을 열어야 합니다. 원칙적으로 매일 같은 시간에 열고, 같은 시간에 닫아야 하죠. '어차피 손님도 없는데 그냥 열지 말자'라는 자세로 임했다가는 눈앞에서 손님을 다 놓쳐버리고 맙니다. 가게야말로 늘 오픈 스페이스로 존재해야 하기 때문입니다. 정해진 영업시간 안에는 어떤 확인 연락도 없이 편하게 찾아갈 수 있는 곳이어야 합니다. 그렇지 않으면 손님들은 언제 문이 닫혀 있을지 모르는 가게라고 생각해 점점 발길을 끊습니다.

물건이 팔리든 팔리지 않든, 일단 가게를 열어두면 가끔씩 "혼자 서랍장을 옮길 수가 없어서 그런데 좀 도와주세요", "풀 좀 뽑아줄래요?", "세탁기 좀 처분해줘요", "냉장고 좀 공짜로 얻을 수 없나요?" 같은 다소 엉뚱한 의뢰가 들어와 돈을 벌기도 하고, 못 벌기도 하는 일이 생깁니다.

가게에서 살면 집세가 들지 않는다.

딱히 애를 쓰고 있는 것도 아닌데 "아주 열심히 하네!"라는 칭찬을 듣기도 하고, 공짜로 먹을 것을 받는 등의 소소한 이벤트들도 생깁니다. 이런 이벤트는 나중에 도움이 되니 소중하게 여겨주세요. 조금 뒤에 이것에 대해 설명해드리겠습니다.

가게에 누군가가 찾아온다는 것은 무척 중요합니다. 통행인이 아주 많은 역 앞에 가게를 내라는 뜻이 아닙니다(그런 곳은 월세가 비싼 데다 주변에 가게도 많고, 회전도 빨라 초라한 창업 가게로는 적합하지 않습니다). 당연한 이야기지만, 그렇다고 반대로 사람이 하나도 안 다니는 허허벌판에 가게를 내면 아무도 찾아오지 않겠죠. 주변에 사람이 살고, 적당히 왕래만 있다면 평범한 주택가라도 괜찮습니다. 근처 주민들이 '어라? 이런 데 가게가 다 있네?' 하고 흥미를 가질 정도의 입지가 가장 좋습니다. 그런 곳은 월세도 그리 비싸지 않죠.

좋은 위치의 가게를 찾으면 새집에 이사 간다는 마음으로 살아봅시다. 집의 월세와 가게의 월세를 둘 다 내는 것은 어리석은 일입니다. 가게에서는 거주할 수 없다는 계약 조건이 있는 곳도 많지만 집주인에게 월세만 꼬박꼬박 내고 분란만 일으키지 않으면, 굳이 뭐라고 하지는 않을 것입니다. 주인이 제일 걱정하는 일은 세입자가 빠져 가게가 비는 것일 테니까요. 게다가 딱히 계약 위반도 아닙니다. 일이 많아 야근을 하다가 피곤해서 살짝 잠을 자는 것뿐이니까요.

인테리어도, 집기도 필요 없습니다. 의자 같은 것은 더더욱 없어도 됩니다. 새 의자를 산 근처 이웃들에게 안 쓰는 의자를 받아옵시다. 10만 엔짜리 비싼 의자를 샀다고 해서 얻어온 의자를 쓸 때보다 매상이 몇 배씩 오르는 일은 없습니다. 볼펜 같은 것은 아무 데서나 쉽게 구할 수 있습니다.

어쩌면 필요할지도 모르겠다 싶은 정도의 물건은 사지 맙시다. 꼭 필요한 물건도 당장 사지 말고, 우선 일주일 정도 탐색의 시간을 가져봅시다. 여기저기 알아보면, 주변에 그 물품을 가지고

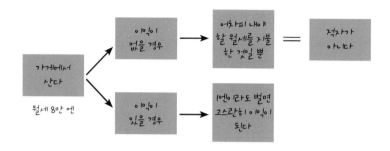

있으면서도 안 쓰는 사람이 나타날 때가 있습니다. 결국 구하지 못했지만 역시 없으면 안 되겠다 싶으면 그때 사도 늦지 않습니다. 물건 구매는 이 정도 감각으로 하는 것이 딱 좋습니다.

생활하기 위해 빌린 수수께끼 가게는 쓸데없는 비용만 들이지 않으면 수수께끼 같은 손님들이 찾아와 수수께끼 같은 매상이 생기고, 수수께끼처럼 유지될 것입니다.

사업계획보다
중요한 것

일반적으로 생각하면 '월세가 10만 엔, 공과금과 통신비가 2만 엔 정도 들고, 경비는 이 정도 드니까 매상은 얼마 나와야 하고, 그러려면 가격은 이렇게 책정해서…' 같이, 목표를 바탕으로 서비스 가격을 책정하는 경우가 있습니다.

그러나 대체적으로 이런 방법은 좋지 않습니다. 상품 물량이 아주 넉넉하거나, 경영에 익숙하거나, 경영자 본인에게 높은 상품 가치가 있지 않은 한 손익이 맞지 않습니다. 일단 팔릴 가격의 상품을 준비해 그로부터 역산하여 토지 비용, 공과금, 인건비 등을 고려하는 것이 낫습니다.

초라한 창업에서 치밀한 계획서 같은 것은 필요 없습니다. 어차피 사업계획서대로 되지 않을 테니까요. 원래 저희 회사는 '중동에 팔릴 만한 만화를 만들어 오일 머니를 벌어들여 대부호가 되

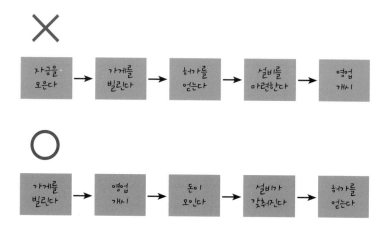

자!'는 바보스럽고 엉망진창인 계획으로 세워졌습니다. 하지만 지금은 리사이클 숍과 바, 학원과 어학원을 경영하고 있으니 내년에는 또 어떤 일을 하고 있을지 모르죠.

한마디로 이런 것입니다. 자금을 모아 가게를 빌리고 허가를 받고 설비를 마련해서 영업을 시작하는 흐름이 아니라 '일단 가게를 빌려서 영업을 하다 보면 돈이 모여서 설비가 갖춰지고, 결국 허가가 필요해지는 것'입니다. 이것이 바로 초라한 창업이 실패하지 않는 순서입니다.

우리 회사의 주력 사업 중 하나인 바의 경영을 시작하게 된 경우도 마찬가지였습니다. 당시 친구들끼리 노래방에 가는 일이 많았는데, 밤에 노래방을 자주 다니다 보니 돈이 꽤 들었습니다. 마침 리사이클 숍이 성공적이라 현금도 있었고, '노래방 시설이 있는 아지트 같은 곳을 구하자!'라는 생각으로(생활의 자본화) 예전에 바였던 동네의 한 가게를 시설까지 통째로 인수받았습니다. '공간을 하나 마련해 노래하며 놀자! 어차피 임대를 할 바에야 가게 형태로 만들어서 적은 이익이라도 올리자'라는 마음으로, 그러니까 리사이클 숍을 오픈할 때와 같은 동기로 시작한 가게입니다.

개업 며칠 뒤에 보건소에서 찾아왔길래 "지금 신청 수속 중입니다"라고 답하고 그때부터 식품위생 책임자를 지정해 영업 허가를 받았습니다. 식품위생 책임자가 없어도, 영업 허가가 없어도 바를 오픈할 수 있습니다. 시판 제품을 그대로(캔 주스를 사서 그대로 팔거나, 컵라면과 전기 포트를 준비해서 손님이 직접 끓여 먹도록 하는 등) 판매할 때는 식품위생 책임자가 없어도 영업이 가능합니다.

이렇게 시작한 일이 지금은 주력 사업이 되어 전국 규모로 커지고 있으니, 세상일이란 참 알 수가 없습니다.

특별한 기술이나 자금 없이 '이런 일이 꿈이야!', '이런 사업이 돈이 될 거야!'라는 생각으로 끊임없이 맨땅에 헤딩하는 것은 무모한 일입니다. 사업이란, 아이디어에서 출발하는 것이 아니라 주변 사람과의 연결이나 주어진 환경 등의 조건을 바탕으로 자신

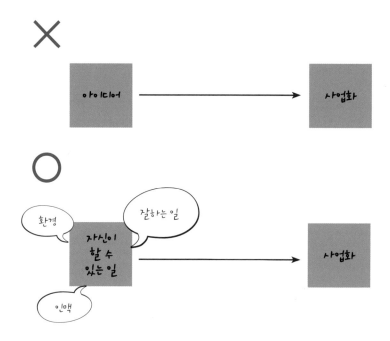

이 할 수 있는 일을 찾아 시작하는 것이라 생각합니다.

적자가 나더라도 계속한다는 각오도 필요합니다. 사실 제가
운영하는 바도 처음에는 적자였습니다.

초기 자금이
제로여도
괜찮다

지금까지 여러분께 초라한 창업을 추천하며 50만 엔 정도의 초기 자금만 있으면 어떻게든 된다는 이야기를 했습니다만, 당장 50만 엔이 없는 사람도 있을지 모릅니다. 일반적인 창업이라면 이쯤에서 은행 대출을 받자고 하겠지만, 그 길을 택하지 않는 것이 바로 이 책에서 소개하는 초라한 창업입니다.

극단적으로 말하자면 당장 가진 돈이 한 푼도 없어도 상관없습니다. 저는 대학 시절 제시간에 일어나지를 못해 만족할 만큼 열심히 학교에 다니지는 못했지만, 그 자리에 '존재'하는 것만으로 돈을 벌 수 있는 아르바이트를 찾아 그곳에 존재하는 대가로 시급을 받는 동시에, 재택근무 형식으로 다른 일을 하며 이중으로 돈을 벌어 학비 및 창업에 필요한 자금을 모았습니다.

누군가는 도대체 그런 아르바이트가 어디 있냐고 미심쩍어할지도 모르지만, 잘만 찾아보면 의외로 그런 일들이 있습니다.

세상에는 '좀처럼 손님이 없지만 혹시 왔을 때를 대비해 누군가가 필요한' 일자리들이 은근히 많습니다. 예를 들자면, 단가가 너무 높아 쉽사리 팔리지 않는 상품을 취급하는 가게가 그렇습니다.

저의 지인 중 한 명은 번화가의 비즈니스호텔 프런트에서 아르바이트를 했습니다. 손님들은 저녁 시간에 순차적으로 체크인하기 때문에 그때 집중적으로 응대를 합니다. 그다지 큰 규모의 호텔이 아니기 때문에 손님들이 줄을 서서 기다리는 일은 없습니다. 만약 심야 시간까지 남아 있는 방이 있으면 "빈방 있나요?" 하고 찾아오는 손님들에게 방을 내줍니다. 그 외의 업무는 손님들이 체크아웃을 하는 아침까지 드문드문 걸려오는 예약 전화를 받는 정도로, 다른 할 일은 딱히 없습니다.

무슨 일이 생겼을 때 아무도 없으면 곤란하기 때문에 누군가 거기에 존재할 필요가 있는 것이죠. 묶여 있는 시간은 조금 길어도, 책임질 업무는 그것뿐인 데다가 덤으로 식사까지 제공됩니다. 저의 지인은 인터넷 서핑을 하면서 남는 시간을 때운 모양이지만, 같이 아르바이트를 하는 사람들 중에는 공무원 시험을 준비하는 사람도 많았다고 합니다. 그런 사람들에게는 그야말로 안성맞춤인 아르바이트죠. 물론 그 시간에 다른 일을 하며 동시에 두 가지 아르바이트를 하는 것도 방법입니다.

제아무리 아르바이트라고는 해도 사람마다 적성이 다르니 무조건 이 방법을 쓰라는 것은 아닙니다. 체력에 자신만 있다면 건설 현장에서 일을 하는 것이 훨씬 더 많은 돈을 벌 수 있을 테니까요. 아무것도 하고 싶지 않은 사람에게는 입원해서 치료법을 체험하는 아르바이트 등도 추천합니다. 다른 복용약이 있거나 극단적인 체질을 가진 사람은 조건에 맞지 않을 수도 있습니다. 하지만 기본적으로는 병원에 입원해 하루 몇 차례 채혈을 하는 시간 외에는 한가하고(다른 일과 병행 가능), 세끼 식사가 모두 제공됩니다. 혹시 모를 부작용이 걱정되기는 하지만 어차피 병원 안에 있는 한 무슨 일이 생겨도 적절하게 대응해줄 테니, 긴 시간과 체력이 요구되는 다른 일들에 비해선 훨씬 편하다고 생각합니다(물론 이것도 사람에 따라 다르겠죠). 몇 달만 바짝 일하며 검소하게 생활하면 수십만 엔 정도는 모을 수 있을 것입니다. 방학 기간이 긴 학생들에게 인기 있는 리조트 아르바이트 등도 참고할 만하죠. 이 또한 고정 생활비가 들지 않는다면, 돈을 벌어 저금하기 좋은 일자리입니다.

큰돈을
투자받는
사람의 비밀

아르바이트가 도저히 불가능하다면 또 다른 방법이 있습니다. 준비된 자금이 없으면 누군가에게 투자를 받으면 됩니다. 저의 주변에는 창업을 꿈꾸는 젊은이들에게 투자하고 싶어 하는 부자들이 꽤 있습니다. 뒤에서 소개하겠지만 제가 프로듀싱한 카페 한 곳도 그렇게 탄생했습니다.

그렇다면 과연 어떤 사람들이 투자받을 기회를 얻을까요? 치밀하게 사업계획을 세우고 투자가의 이익을 꼼꼼히 계산한 사람? 아닙니다. 사업계획 및 투자이익에 대해 철저한 조사를 하는 것도 하나의 방법이기는 하지만 이것이 꼭 정답은 아닙니다. 발상을 바꿔 돈을 투자받는다는 목적을 어떻게 달성할지, 달성을 위해 필요한 것은 무엇인지 역산해 볼 수도 있습니다.

당신이 돈을 어디에 쓰는지 생각해보면 답이 나올 것입니다. 여러분은 어디에 투자를 하나요? 월세, 식비, 교통비, 공과금과 같은 고정비용 외에 재량껏 쓰는 돈 말입니다. 아이돌을 따라다닌다, 게임 아이템을 산다, 축구 경기를 보기 위해 전국 방방곡곡 원정을 다닌다, 뽑기로 게임 카드를 모은다, 주식에 투자한다, 이것들 모두 훌륭한 투자입니다.

그렇다면 이 중에서 금전적 회수가 가능한 것은 무엇일까요? 주식 정도 아닐까요? 하지만 주식조차도 지속적으로 이익을 남기기는 어렵습니다.

그 밖의 예들은 기본적으로 다 지출입니다. 아이돌을 따라다니며 사진을 찍는 일도, 굿즈를 사는 일도, 축구를 보기 위해 이번 달은 시즈오카로 다음 달은 오사카로 원정을 다니는 일도 모두 돈이 듭니다. 대신에 그것을 통해 여러분이 얻는 것은 바로 '즐거움'이죠.

투자가의 마음도 마찬가지입니다. 물론 투자가의 목적은 이윤을 창출하는 것이니 전혀 가망이 없는 일에는 돈을 내지 않습니다. 자신의 이익도 철저히 계산하죠. 하지만 당연히 호감이 가는 사람, 즐거운 사람, 재미있는 일에 돈을 쓴다는 것을 전제로 합니다. 요즘 인터넷 커뮤니티에서 많이 쓰는 말 중에 '최애'라는 말이 있죠. 다소 어수룩하고 단점이 보이더라도 자신이 '애정할 수 있는' 사람에게는 투자를 하는 것이 투자가입니다.

그럴 리 없다고 생각하시나요? 아뇨, 그럴 리 있습니다. 젊은 사업가에게 투자하고 싶은 부자들은 이미 자신의 본업을 통해 충분히 돈을 벌고 있는 사람들입니다. 다시 말해 '원하지 않더라도 꼭 해야 하는 돈벌이는 이미 본업을 통해 하고 있다는 뜻'입니다. 이런 사람들이 젊은 사업가에게 여유 자금을 투자하려 할 때는 '최대한 즐거운 사람이나 재미있는 일'을 찾는 것이 당연합니다.

여기에 하나 더, 절대로 양보하지 않는 조건이 있습니다. 그것은 '절대로 투자금을 들고 도망가지 말 것'입니다. 이런 일을 당하면 참지 않습니다. 투자가라면 어느 정도의 실패를 웃어넘기는 배포도 있겠지만, 아무리 그래도 돈을 가지고 도망가는 범죄 앞에서 웃을 수 있는 사람은 없습니다.

한마디로 이런 것입니다. 그들은 돈을 들고 도망가지 않을, 호감이 가는, 재미있는 일을 하는 사람에게 투자를 합니다. 여기서 포인트는 재미있는 일을 '하는 것'과 '생각하는 것'은 엄연히 다른 문제라는 것입니다. 사업 아이디어를 떠올리는 것까지는 누구나 할 수 있습니다.

"일단 시작하긴 했는데 하다 보니 이런 부분에서 돈이 부족해요!"라고 말하면 출자할 마음이 들지만 "이런 재미있는 일을 하고 싶습니다!"라는 어필만으로 출자를 고려해줄 확률은 매우 낮다는 것입니다. 왜냐하면 투자가들이라면 이미 본인의 경험을 통해 '하고 싶다'에서 '실제로 시작하기'까지 가는 과정에 가장 큰 노력이 필요하다는 것을 뼈저리게 느껴봤을 테니까요.

게다가 막상 일을 시작했는데 운영하려니 돈이 부족해서 곤

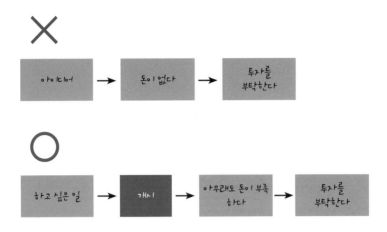

란을 겪고 있는 사람들은 투자금을 애먼 데 먼저 쓰지 않습니다. 원하던 일의 실현을 눈앞에 두고 있는 상황에서, 어렵게 투자받은 돈을 엉뚱한 데 써버리는 사람은 없을 테니까요(물론 이런 경우가 절대 없다고 단언할 수는 없지만, 혹시 있다면 그런 사람은 창업이 적성에 맞지 않는 사람입니다). 이미 사업을 진행 중인 것이 아니라면 돈을 들고 도망갈 리스크도 높아지기 때문에 투자가에게 굉장한 환심을 사지 않는 한, 돈을 받기는 어려울 것입니다.

가장 좋은 방법은 '어떤 형태로든 성과를 가져오는 것'입니다. 완벽한 성과일 필요는 없습니다. 다소 퀄리티가 낮더라도, 그것이 뭐가 되었든 중간에 포기하지 않고 끝까지 해내는 모습은 신용도를 높이는 데 큰 도움이 될 것입니다.

출자를 받고 싶다면 일단 가능한 범위 안에서 자신이 할 수 있는 일을 합시다. 그리고 그 성과를 투자자에게 보여줍시다. "저 혼자의 힘으로는 이 정도의 퀄리티밖에 만들지 못했습니다. 하지만 ○○만 엔이 있으면 이러이러한 멋진 성과물로 업그레이드할 수 있습니다"라고 말하는 사람과 "○○를 해보고 싶은데 돈이 없어서 시작을 못 하겠어요. 돈만 있으면 할 수 있을 것 같은데 투자 좀 해주실래요?"라고 말하는 사람 중 누가 투자를 받을 수 있을지는 불 보듯 빤하지 않은가요?

끊임없이
'서툰 총알'을
쏘자

느닷없는 이야기지만 화장품과 건강식품을 판매하는 대기업 'DHC'라는 회사가 있죠. 이 회사의 이름이 왜 DHC인지 아시나요? 사실은 '대학 번역 센터'라는 일본어에서 따온 약자입니다. 원래는 외국 서적 번역을 하던 회사가 그 사업을 통해 쌓은 지식을 바탕으로 화장품과 건강식품을 개발해서 성공한 케이스죠. 지금은 리조트 사업부터 영상 사업, 라디오 방송국까지 운영하며 비즈니스를 확장하고 있는데 그 시작은 그저 흐름에 맡긴 것이었다 할 수 있습니다. 그야말로 초라한 창업을 준비하는 많은 분들이 목표로 삼을 만한 형태인 것입니다.

저, 대단한 점장이 경영하는 초라한 회사는 '오일 머니를 벌어들일 계획 → 출판사 하청 → 부동산 투자 → 리사이클 숍, 바, 학원, 어학원'이라는 두서없는 변천을 거듭했는데 이 모든 것이 흐름에 몸을 맡긴 필연적 결과였습니다. 리사이클 숍이 순조롭게 운영되고, 바까지 성공해 어느 정도 경영이 안정되었지만, 앞서 말한 대로 이 또한 전혀 예상하지 못한 일이었습니다.

'이 아이템으로 창업을 하자!'는 강한 의지가 있든, 없든 이런 흐름에 몸을 맡기면 어쩌다 금맥을 캘 수 있을지도 모릅니다. 그러니 의미 없는 사업계획만 세우지 말고 일단 시작해버립시다. 원대한 계획을 세우는 것보다 초기비용이 크게 들지 않는, 지금 할 수 있는 일을 하나하나 해나가는 편이 리스크가 적습니다.

창업할 때는 완벽한 서비스를 제공하고 싶다는 욕심이 들지도 모릅니다. 하지만 이것은 큰 착각입니다. 완벽한 서비스를 제공하기 위해서는 기술이 필요합니다. 완벽한 서비스를 완벽한 비용으로 제공하려면 맥도날드, 스타벅스 같은 대형 브랜드를 상대로 싸워야 합니다. 아무리 봐도 체급이 안 맞는 싸움이죠. 그렇다면 그런 브랜드들과 여러분 가게의 차이점은 뭘까요? 맥도날드는 대기업에서 경영하고 있지만, 여러분의 가게는 여러분이 직접 운영하고 있습니다. 즉, 여러분 자신이 곧 상품이란 뜻이죠. 여러분을 만나고 싶다는 생각으로 찾아오는 손님이 있다면 여러분의 가게가 맥도날드, 스타벅스보다 가치 있어지는 것입니다. 그런 손님들이 늘어나면 사업은 자연스럽게 잘 풀리겠죠.

저도 바를 경영하고 있지만, 손님들이 술을 마시고 싶다는 마음만으로 오는 것은 아니라고 생각합니다. 바는 하나의 공간이고, 사람이 드나드는 통로이며, 다들 사람을 만날 수 있는 장소입니다. 완벽한 생맥주를 마시는 것이 목표라면 맥주전문점에 가면 되고, 완벽한 칵테일을 원하면 호텔 바에 가는 것이 낫습니다만, 왜 아직도 동네에는 '작은 바'가 많을까요? 그곳에 가면 언제나 반갑게 맞아주는 친근한 스태프가 있기 때문입니다. 처음 방문하는 사람에게는 다 비슷해 보이는 작은 바일지라도 가게마다 다른 스태프가 있습니다. 그래서 작은 바마다 나름의 고정 팬이 생기는 것입니다. 동네의 작은 바들이 하나의 대형 술집으로 합쳐지지 않는 이유가 바로 이것입니다.

사업자는
강하다

제가 체감하기에는 가게를 운영한다는 사실만으로도 사회적 지위가 현격히 올라가는 것 같습니다.

가령 경험도 없이 창업을 한 풋내기가 "창업했어요! 등기도 낸 정식 사장입니다! 사무실은 집이고 인터넷으로 이런 일을 합니다!"라고 어필해봤자 "하하하, 그렇구나. 그래 뭐 열심히 해봐"라는 말로 끝나버립니다. 그런데 "가게를 하나 운영하고 있어요!"라고 덧붙이면 "오, 사장님이시구나!" 하는 반응이 돌아옵니다. 실제 가게를 운영한다는 것만으로 신용도가 크게 오르는 것이죠. 가게를 운영한다는 것은 코스트 퍼포먼스(cost performance, 비용 대 성능 비율)가 상당히 높은 일입니다.

가게가 하나만 있어도 이렇게 대해주니, 점포를 두 개 정도 운영하면 '수완 좋은 사장'으로 평가받습니다. 은행으로부터 자금 조달도 할 수 있고(물론 저는 추천하지 않습니다만), 지역 모임이나 상가협회 등에 소속되어 있으면 의견을 들어주기도 합니다.

지역에 기반을 둔 장사를 하려면 기본적으로 주변 가게나 지역 주민을 적으로 돌려서는 안 됩니다. 거대 자본과 확실한 브랜드를 소유하고 있어 이웃 가게와의 관계가 어떻든 알아서 손님이 오는 곳이라면 몰라도 '초라하게 창업한 수수께끼 가게'의 경우는 주변 가게와 이웃 주민들이 호감을 갖지 않으면 손님이 늘지 않고, 수수께끼 같은 교류도 시작되지 않습니다. 웃는 얼굴로 머리를 숙이는 일에는 돈이 들지 않으니 초라한 창업을 할 때는 적극적으로 이런 자세를 취해보세요.

자원을
묵혀두지 않아야
성공한다

사업이 잘 풀리는지 아닌지를 판단할 수 있는 간단한 방법이 있습니다. 저희 회사의 경우, 얼마 전까지 네 개의 가게와 두 대의 자동차를 소유하고 있었는데 이것들이 모두 효율적으로 사용되고 있다면 OK, 그렇지 않다면 문제가 있는 것입니다.

구체적으로 말하면 매일 가게를 열고 있는가(그래서 이웃 주민들이 언제든지 열려 있다고 인식하고 있는가), 가게를 찾는 사람이 있는가(오픈 스페이스로서 기능하고 있는가), 상품의 회전이 잘 되고 있는가(늘 같은 물건이 같은 모습으로 진열된 가게에는 손님이 오지 않습니다), 차량이 가동되고 있는가(차가 움직이지 않는다는 것 = 자산 자본화의 효율이 낮다), 본인이나 점원이 일을 하고 있는가(늘 한가하다는 것 = 생활의 자본화 및 비용의 자본화의 효율이 낮다) 등의 항목을 저는 늘 체크하고 있습니다.

여기서 중요한 점은 상품이 꼭 적정 가격에 팔릴 필요는 없다는 것입니다. 수익성 및 객단가 등은 가게가 손님으로 꽉 차거나 상품이 모조리 팔려나갈 정도의 레벨이 된 후, 더 많은 수익을 내고자 할 때 생각할 문제입니다. 이 단계에서는 그런 것들을 따져본들 별 소용이 없습니다.

궁극적으로는 공짜로 물건을 줘도 괜찮습니다.
차를 무료로 태워줘도 괜찮고요.

앞서 생활과 자산의 자본화에 관한 이야기를 했는데, 가게 월세에서 집 월세를 뺀 금액을 일종의 흑자로 생각하듯, 이 단계에서 자본의 범위를 현금에 국한시킬 필요는 없습니다. 처음부터 매상을 꼭 현금의 형태로 올릴 필요는 없다는 것입니다(다음 장에서 구체적으로 설명하겠습니다).

가게가 열려 있다면, 상품 회전이 잘된다면, 차가 움직이고 있다면, 사람들이 일을 하고 있다면 각각의 가치는 실현되고 있는 것입니다. 저렴해도 좋고, 여차하면 공짜로 줘도 상관없으니 일단은 가지고 있는 모든 자본을 끊임없이 가동시켜 묵히지 않는 것이 중요합니다.

그렇다면 이제 이웃들과 사이좋게 지내야 하는 이유가 무엇인지, 왜 공짜로라도 자산을 굴리는 것이 좋은지 알아보겠습니다.
이제부터 본격적으로 재미있는 이야기가 시작됩니다.

초라하지 않은 포인트 정리

- 월세를 이중으로 낼 바에야 차라리 가게에서 살자.
- 초기 자금이 없으면 투자를 받자.
- 가게는 항상 열어두고, 어떻게 하면 손님이 들어올지부터 생각하자.
- 계획보다는 나의 처지를 바탕으로 사업화할 수 있는 일을 찾자.
- 일단 사람과 물건 등 모든 자산을 회전시키고 최대한 가동시키자.

STEP 04.

협력자를
끌어모으는 법

종업원을
고용해야 할까?

앞서 가게를 빌려 그곳에서 생활하는 것이 초라한 창업의 이상적 형태 중 한 가지라는 이야기를 했습니다. 어떤 업종이라도 상관없으니 일단 그 자리에 영업 중인 가게가 있다는 사실이 중요합니다. 그러면 수수께끼 같은 매상이 생기고, 비즈니스가 성립됩니다.

초라한 창업에서는 고정비용을 포함한 모든 지출을 절감하는 것이 주요 원칙이기 때문에 다수의 가게를 운영하지 않는 한, 애초에 종업원을 고용한다는 선택권은 없다고 봐야 합니다. 기본적으로 혼자서 대부분의 일을 처리하지만, 아무리 그래도 다른 사람의 도움이 필요할 때가 있죠.

그럴 때는 돈을 지불하지 않고 도움을 받는 방법을 찾으면 됩니다.

노동 착취를 권하는 것이 아닙니다. 아무런 대가 없이 일을 시키라는 말이 아닙니다. 사람을 움직이게 하는 원동력(대가)은 돈만이 아니라는 뜻입니다. 간단히 말해, 평소에 우호적 관계를 구축해두면 "그 정도는 내가 도와줄게" 하고 나서는 사람이 나타난다는 것이죠.

그럼, 제가 경영했던 리사이클 숍을 예로 우호적 관계를 구축하는 방법에 대해 알아봅시다.

- 사람들에게 무료로 물건을 준다
- 인터넷 환경이나 쉴 수 있는 장소를 제공한다
- 어떤 종류라도 좋으니 사람들이 모임을 가질 때 가게를 이용하게 한다
- 식사나 간식 등을 만들어준다
- 나 역시 돈을 받지 않고 남을 돕는다

가게가 열려 있다는 사실 자체가 중요합니다. 리사이클 숍의 간판을 달고 있다고 해서 '물건을 사고파는 일 외에는 해서는 안 된다'는 법은 없습니다. 늘 열려 있으며 거기에 가면 왠지 마음이 편하다는 느낌을 주는 공간이라면 한가한 사람들이 모여들기 마련입니다. 찾아온 사람들에게 차라도 한 잔씩 대접하다 보면 어느새 시간이 있는 사람들의 아지트가 됩니다.

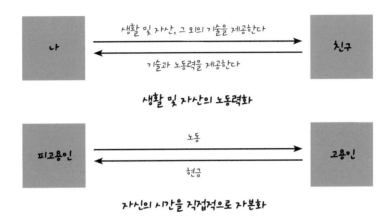

이런 분위기가 되면 신기하게도 가게에 놀러 온 사람들이 자발적으로 가게를 봐주곤 합니다. 그저 차나 한 잔 마시러 왔던 사람들이 아무런 지시를 하지 않아도 온전한 자유의지로 이런저런 가게 일을 도와주기 시작하죠. 그러면 가게 주인은 다른 일을 보러 외출도 할 수 있게 됩니다. 저의 경우, 어느 순간부터는 제가 직접 자리를 지키지 않아도 가게가 돌아가게 되었습니다. 청소를 좋아하는 사람이 스스로 가게를 청소해주기도 하고, 누군가는 "내 친구가 이런 물건 필요하다던데"라면서 알아서 유통망을 넓혀주기도 했습니다. 이것이 초라한 창업에서 말하는 생활 및 자산의 노동력화라는 것입니다.

가게 주인은 가게를 열 뿐이고 그 이후로는 누구든지 환영(생활 및 자산의 제공)하면 됩니다. 가게에 놀러 온 사람에게 1,000엔 정도의 상품을 공짜로 주면 1,000엔 이상의 일을 해주곤 합니다(노동력화).

물론 내가 한가하고 다른 사람이 바쁠 때는 먼저 도와주러 가는 것도 좋습니다. 그러면 다음에 내가 곤란할 때 그 사람만의 기술로 나에게 도움이 되어줄 것입니다.

현금만이
수익이라고
생각하지 않기

우리는 지금 생활의 자본화, 자산의 자본화에 대한 이야기를 하고 있습니다. 초라한 창업의 경우 모든 매상을 현금화해 어딘가에 납부하거나, 어음을 발행할 필요가 없기 때문에 자본이 반드시 현금일 필요 없다는 점도 중요한 핵심입니다. 원래 돈으로 사람을 고용해서 제공받았어야 할 기술을 무료로 이용했다면 이 역시 '이익'이라고 생각하는 것이죠.

월급생활자들이나 아르바이트생이 자신의 시간을 직접적으로 자본화(금전화)하는 것에 반해, 초라한 창업은 '생활이나 자산을 제공한다 → 제공한 것 이상의 기술이나 노동력으로 보상받는다 → 결과적으로 자본화(비용이 들지 않았다 = 이익이 발생했다)가 성립된다'라는 관점으로 접근해야 합니다. 그리고 이를 계기로 별개의 현금 매상이 생겼다면 정당하게 배분을 하면 됩니다.

가게 문을 열어두기만 해도 소비되는 비용을 그곳에 모여든 사람들의 기술과 노동력으로 충당하면 결과적으로는 그들이 제공한 기술과 노동력만큼의 이익이 발생하는 것입니다.

나를 도와줄 사람이
제 발로
찾아왔습니다!

세상에는 다양한 사람이 있습니다. 가게 보는 것을 너무 좋아해서, 돈 한 푼 주지 않는데도 매일같이 가게를 지키러 오는 사람도 있고, 청소를 너무 좋아해서 청소할 기회를 갖는 것 자체를 대가로 여기는 사람도 있습니다. 누가 시킨 것도 아닌데 말입니다.

어디까지나 '자연스럽게 모여든 한가로운 사람들이 각자의 방법으로 도움을 주는 것. 그리고 그 자체가 대가가 되는 것'입니다.

대체 그런 사람이 어디 있나 싶을지도 모르지만, 곰곰이 생각해보면 여러분의 주변에도 이런 사람은 있습니다. 함께 드라이브를 하러 가면 계속 운전을 해주는 친구나, 결혼식 피로연의 사회나 레크리에이션 진행에 앞장서주는 사람, 신칸센 이외의 교통수단으로 지방에 가고 싶은데 추천 경로가 있냐고 물으면 목적과 수단별로 몇 가지 노선을 정리해 알려주는 철도 마니아 친구 등등.

이 모든 일은 이미 유료 서비스로 제공되고 있는 실제 비즈니스들입니다. 하지만 이런 일을 해주는 당사자들에게는 그 자체가 즐거움이자 대가인 것입니다.

사실 이것은 도쿄대학교의 혼다 유키 교수가 제창한 '보람 착취'의 구조로, 악덕 기업 등에 대해 논할 때 자주 등장하는 말입니다. 하지만 저는 이 보람 착취 중에서도 '바람직한 보람 착취'와 '잘못된 보람 착취'가 있다고 생각합니다. 이쪽에서 아무것도 요구하지 않아도, 자유의지로 해주는 일. 이것이 바람직한 보람 착취(제1단계)입니다. 즉 무언가를 해주는 사람의 완전한 자유의지에 의존하는 것이죠.

제 가게를 봐주고 청소해주는 사람들 역시 이런 경우입니다. '늘 신경 써주는데, 받기만 하면 미안하니까'라는 마음이 협력의 동기가 되어주곤 합니다.

일상생활에서 쉽게 접할 수 있는 예로는 앞서 언급했듯이 늘 운전을 해주는 친구(운전을 즐기는 것이 동기가 되어), 음식을 많이 했는데 조금 먹어보겠냐며 나눠주는 이웃(요즘 세상에 이런 친절이 환영을 받는지 아닌지와는 상관없이), 좋은 사람이 있으니 만나보라며 소개팅을 주선해주는 선배 등이 있을 것입니다.

한 가지 더. 약간 특수한 유형이기는 하지만, 제가 운영하는 바에는 자신이 외부에서 직접 사 온 술을 가게에 넣어두고 돈을 내고 마시는 손님들이 몇 명 있습니다.

주류 판매점에서는 200엔 정도면 캔 맥주를 살 수 있으니 술을 사서 다른 곳에서 마시면 술값은 200엔밖에 들지 않습니다. 하지만 일부러 맥주를 사 와서 500엔의 이용료와 잔당 500엔의 요금을 더해 총 1,000엔을 내며 마시는 것입니다.

위스키를 병째 사 오는 사람도 있습니다. 1,000엔 정도 하는 위스키를 가게에 들고 와 물과 섞어 몇 잔 마시고 남는 술은 그냥 가게에 두고 갑니다. 왜 그런 것인지는 알 수 없고, 그렇게 해달라고 요구한 기억도 전혀 없지만 저희 가게에는 정말로 그런 손님들이 있답니다.

좋은 관계와
좋은 성과의
무한 루프

이쪽에서 부탁을 하기는 했지만 상대도 좋아서 하는 일(해주고 싶어 하는 일)이기 때문에 아주 적은 액수의 대가만으로, 혹은 아예 무료로 도움을 받는 것. 이것이 바람직한 보람 착취(제2단계)입니다. 철도 마니아나 결혼식 사회 및 레크리에이션 진행을 도맡아 도와주는 사람 등도 이런 부류라 할 수 있습니다.

철도 마니아들은(모두가 그런 것은 아니지만) '오사카에 갈 때는 구간별로 승차권을 따로 사는 것이 더 저렴하다' 등의 팁을 알려주기도 합니다. 그 사람은 자신의 철도 지식을 선보인다는 자체에 기쁨을 느끼기 때문에 질문에 답하는 것 자체가 대가라 할 수 있습니다. 본인이 그 일로 돈을 받아 비즈니스로 삼을지 말지와는 별개로 말입니다.

모임에서 레크리에이션에 앞장서는 친구도 마찬가지입니다.

물론 이런 행사가 있으니 맡아달라고 부탁을 할 테고, 경우에 따라 감사의 표시도 하겠지만, 의상과 음악을 준비하거나 연습하는 시간을 시급으로 계산해 돈을 지불하는 사람은 거의 없을 것입니다. 그들은 돈을 제대로 받기는커녕, 오히려 축의금까지 낼 때가 많습니다. 대신 "내가 결혼할 때는 너한테 부탁할게"라는 식으로 나름의 보답을 요구하기도 합니다.

우호적 관계를 맺고 있는 사람에게 무언가를 해주면, 무언가가 되돌아온다.

이 모두가 결국은 우호 관계를 바탕으로 이뤄지는 것입니다. 애초에 관계가 돈독하지 않으면 청소를 해주지도, 가게를 봐주거나 사람을 소개해주지도 않겠지요. 친하지 않은 사람에게 결혼 피로연 행사를 부탁하는 일은 더더욱 없을 테고요. 다시 말해 우호적인 관계의 사람이 많으면 많을수록 무료로, 혹은 저렴하게 도움을 받을 기회와 범위가 넓어진다는 뜻입니다.

그렇다면, 더 많은 사람과 우호적 관계를 맺는 방법은 무엇일까요? 그 답은 앞서 말한 이야기에 모두 담겨 있습니다.

우선 가게를 열어둘 것. 그 가게를 안락한 공간으로 꾸려 사람들이 편하게 드나들 수 있는 곳으로 만들 것. 먼저 이웃들에게 인사를 하러 다니고, 적극적으로 주변 사람들의 일을 도울 것.

이렇게 하다 보면 어느새 누군가가 도움을 줄 테고 여러 가지 선순환이 일어날 것입니다. 이것은 제가 새롭게 만들어낸 개념이 아니기 때문에 예전부터 익히 들어온 친근한 말로도 쉽게 설명할 수 있습니다. '주고받기', 그리고 '신용'. 이것이 생활 및 자산의 노동력화가 이뤄지는 원리입니다. 생활 및 자산을 '신용화'한다 → 이를 '노동력화'한다 → 자본이 된다고 생각하는 방식입니다.

참고로 상대가 딱히 원하지 않는 일을 무료로, 혹은 저렴한 비용으로 요구하는 회사나 사람들이 있는데 이는 옳지 않습니다. 이러한 일이야말로 여러 문제를 야기하는 '잘못된 보람 착취'(제3

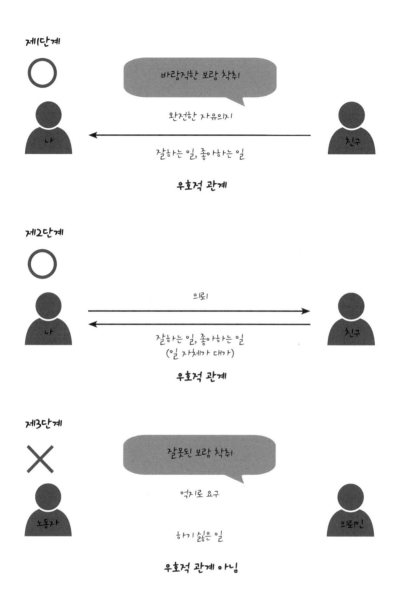

단계)로, 악덕 기업들이 흔히 취하는 행위입니다(야근 수당을 지불하는 조건으로 고용 계약을 해놓고 정당한 수당을 지불하지 않는 것 등은 '보람 착취'도 무엇도 아닌, 사측의 계약불이행일 뿐입니다).

신뢰 관계가 구축되지 않은 사람의 성과물을 헐값에 사려 하는 경우도 마찬가지입니다. SNS에 자신의 그림을 올려 소개하는 사람에게 무료로 아이콘을 만들어달라는 등의 부탁을 해서 논란을 일으키는 사람들이 있습니다. 이것이 성립될 수 없는 이유는 작가와 그 사람 사이에 그림을 그려줘야 할 만한 어떠한 신뢰 관계도 구축되어 있지 않기 때문입니다.

옷을 만드는 직업을 가진 지인에게 "우리 애 옷 좀 만들어 줄래? 남는 천들로 대충 만들어도 되니까"라고 요구해 언쟁을 일으키는 사람의 문제점은 돈도 내지 않고 상대가 원하지 않는 일을 시키려 한다는 것입니다. 하기 싫은 일을 하는 것은 스트레스니까요. 스트레스를 받는 일을 할 때는 돈이라도 받고 싶어 하는 것이 인지상정입니다.

스트레스 제로
환경

'일'을 하고 일정한 급료를 받기 위해서는 좋아하는 일뿐만 아니라 싫어하는 일까지도 해야 합니다. 생활 및 자산의 노동력화와 바람직한 보람 착취를 '일'과 비교하면 그 차이는 '스트레스 유무'에 달려 있다고 할 수 있습니다.

사람들이 스트레스 없이 일할 수 있는 환경을 구축해두면 이익이 발생합니다. 이것이 바로 초라한 창업이 이익을 창출하는 방법입니다. 사업의 규모가 커져 직원을 고용할 때도 좋아하는 일을 할 때는 스트레스를 받지 않고, 좋아하지 않는 일을 할 때에는 스트레스를 받는다는 사실을 유념해두는 것이 좋습니다.

또 한 가지, 당연한 말이지만 꾸준히 이익이 나면 환원을 해줍시다. 혼자서만 돈을 독식하면 지금까지 스트레스 없이 즐겨왔던 사람이라도 '아무리 그래도 이건 좀 너무한데?'라고 생각할 것입니다.

벤처 기업이 성공 궤도에 오른 후 인재들을 잃고 무너지는 사례들 중에는 이것이 원인인 경우가 많습니다. 이익을 내는 기업이나 단체는 주저 말고 정당한 금액을 지불해야 합니다. 어떤 일에도, 누구에게도 대가를 지불하지 않는 세상이 되면 경제 성장은 불가능합니다. 다만 대기업이든, 벤처기업이든 돈을 지불했으니 어떤 일이든 마음대로 시켜도 된다는 자세는 가져선 안 됩니다.

요즘의 취업준비생들은 크게 두 부류로 나뉘는 것 같습니다. 원하는 회사로 이직하는 것을 전제로 '일단 돈이 되는 기술부터 빨리 익히자'라며 달려드는 한 무리와 '큰돈을 안 벌어도 상관없으니 마음 편한 직장에서 쉬엄쉬엄 일하고 싶다'라고 생각하는 무리입니다. 우리의 기억에 남아 있는 전통적인 월급생활자 스타일은 완전히 종말을 맞이했습니다. 생각해보면 이는 당연한 일입니다. 회사는 언제 무너질지 모르고, 버티기만 한다고 연공서열에 따라 알아서 연봉이 오르는 시대도 아니니까요.

좋아하는 일을 하며 열심히 돈을 벌거나, 편한 일을 설렁설렁 하거나 둘 중 하나입니다. 뭐가 되었든 기분 좋은, 즉 스트레스 없는 환경이 아니면 일하지 않는 시대가 되었습니다.

일본어 사전에서 '보람(やりがい)'이라는 말을 찾아보면 "할 만한 가치, 혹은 이런 가치를 실감함으로써 생기는 의욕"이라고 정의되어 있습니다(산세이도 국어사전 제7판). 어디에도 현금으로 치

환 가능해야 한다는 대목은 없죠. 하는 것만으로 가치가 있는 일을 돈으로 치환하든, 의욕이나 마음의 만족감으로 치환하든 상관없는 것입니다. 당연히 바람직한 보람 착취도 이에 해당하죠. 본인이 스트레스 없는 상태에서 하는 일이니까요.

고용자든 협력자든 누군가를 일하게 하려면 당사자가 원하는 일을 시키는 것이 제일 좋은 방법입니다. 마음 편한 공간에서 원하는 일을 하게 해주면 사람들은 자연스럽게 몰려옵니다. 일을 해주었을 때는 제대로 감사 인사를 하고, 맛 좋은 차라도 한잔 대접합시다. 그런 곳에는 사람이 모여들고, 사람이 모여들기 시작하면 대부분의 일이 잘 풀리기 마련입니다. '일과 생활의 균형'을 따지고 있을 때가 아닙니다. 이제는 '스트레스 밸런스'의 시대입니다.

활기찬
가게의
비밀

여담이지만, 초라한 창업의 관점에서 보면 '점원이 아닌 한가한 사람 여럿이 가게에 모여 있을 때' 생기는 또 다른 효과도 있습니다. 가게가 왠지 활기 있어 보인다는 것입니다. 찾아온 손님들이 가게에서 자발적으로 일하는 사람들을 보고 '이 가게는 이렇게 점원을 고용할 정도로 잘 되나 보다' 하고 착각을 하기 때문이죠.

어느 날 가게에 세 사람이 모여 독서 모임을 하고 있었는데, 손님이 들어와 "복사 용지는 얼마예요?" 하고 묻길래 "200엔입니다"라고 답했더니 "점원이 세 명이나 있는데 그렇게 싼값에 살 수는 없죠" 하더군요. 사정을 모르는 사람들은 가게에 사람이 있으면 점원이라고 생각하고, '시급이 1,000엔은 할 텐데 이 가게 괜찮을까?' 같은 괜한 걱정까지 해줍니다.

우선 가게를 마음 편한 공간으로 만드는 것, 모여든 사람들이 자연스럽게 움직이도록 생활 및 자산을 노동력화하고, 부차적 효과로 활기 있는 가게의 모습을 보여줘 착각하게 만드는 것이 이 장의 핵심입니다.

초라하지 않은 포인트 정리

- 돈만이 사람을 움직이게 하는 원동력은 아니다.
- '바람직한 보람 착취'로 사람을 움직이게 한다.
- 사람은 마음 편한 장소에서, 하고 싶은 일을 하면 돈을 받지 않고도 움직인다.
- '스트레스 없는' 환경이야말로 노동 문제를 해결하는 열쇠다.

STEP 05.

초라한 가게를 유행시키자

광고 홍보비는
한 푼도
필요 없다

지금까지 어떻게 하면 돈을 들이지 않고 창업하여 이익을 창출할 수 있는지에 대해, 이미 가지고 있는 것을 자본화하여 노동력과 이익으로 바꿔나간다는 관점에서 설명해왔습니다. 사실은 아직 전하지 않은 중요한 핵심이 하나 남아 있습니다. '어떻게 하면 지금까지 가게를 찾지 않았던 사람들을 손님으로 만들 수 있을까'에 대한 것입니다. 즉, 광고 홍보에 관한 이야기입니다.

광고로 확실한 효과를 내는 방법은 한번에 각인시키거나 반복해서 주입하거나 둘 중 하나입니다. 일반적으로는 양쪽 모두 막대한 비용이 들죠. 그래서 대기업들이 경비를 절감해야 할 때 제일 먼저 삭감하는 것이 광고 홍보비입니다.

큰 기대 없이 저렴한 예산으로 만들었던 광고가 뜻밖에 큰 반향을 일으켜 널리 알려지는 경우도 더러 있습니다. 이는 말 그대로 '뜻밖의 일'일 뿐, 계획한 대로 모두 성공할 수 있는 것이 아닙니다. 대부분이 계획한 대로 성공한다면 거대 자본을 가진 광고 회사들이 진즉에 그 방법을 썼을 테지요.

이런 상황에서 최소한의 비용 지출을 기본으로 하는 초라한 창업자가 없는 돈을 탈탈 털어 병아리 눈물만큼의 광고비를 마련한다 한들, 그렇게 해서 만든 광고의 효과는 미미할 것입니다. 애초에 불특정 다수 중 몇 퍼센트의 흥미를 끌어오기란 쉬운 일이 아니고, 초라한 창업에서 기존 형태의 광고 홍보를 할 여유 또한 없습니다.

그렇다면 역시, 요즘 유행하는 온라인 광고가 답일까요? 하지만 온라인에서 '광고 같은 광고'는 호감을 얻지 못합니다. 구글의 검색 광고만 해도 사이트에 한 명을 불러들이는 데 100엔 정도의 비용이 들 뿐만 아니라, 인터넷에 익숙한 사용자들이라면 대부분 광고를 보지도 않고 넘겨버립니다.

결국 가장 바람직한 형태의 광고는 '입소문'입니다. 인터넷의 리뷰가 아니라 정말 입에서 입으로 전해지는, 문자 그대로의 입소문 말입니다. 인터넷 게시판의 평가는 돈으로 살 수 있을지 모르지만, 진정한 입소문은 돈으로 살 수 없습니다.

가게 앞까지
고객을
유인하는 법

지금부터 소개할 노하우는 이미 여러 번 언급했듯이 버리는 물건은 아니지만, 돈을 받고 팔 수 없는 물건을 무료로 나눠주는 것입니다. 저희 리사이클 숍에서도 썼던 방법이죠. 중고지만 아직 쓸 수 있는 샤프나 리필용 속지, 쓰지 않는 클리어 파일 같은 물건들. 이런 것들을 모아 가게 앞에 무료 코너를 만들어두면 어디선가 사람들이 나타나 금세 가지고 갑니다. 다음 날 아침에는 거의 남아 있지 않았죠.

'공짜로 쓸모없는 물건들을 나눠 줘봤자 아무 의미도 없다'고 생각할 수도 있지만 실제로는 그렇지 않습니다. 어차피 팔 수 없는 물건들은 이익을 올리기 위한 상품이 아니니까요. 공짜 물건을 받으러 가게 앞까지 오게 만드는 것. 이것이 핵심입니다.

가게 앞까지만 와주면 그때부터는 우리 편입니다. 영업 중인 시간이라면 한 번쯤 안을 들여다볼 것이고, 가게의 게시판도 확인

하겠죠. 무엇보다 "그 가게에 가면 공짜 물건을 받을 수 있어" 하고 입소문이 나서 지역 커뮤니티에 퍼집니다. 그야말로 무료 광고인 셈이죠.

앞 장에서 주변에 인사를 다니면서 무료로 이웃들을 도와주다 보면 돈으로 연결되는 일이 생기기도 한다는 이야기를 했는데요. 마찬가지로 일단 손님을 가게 앞까지 불러들이면 돈이 되는 일로 이어질 수 있다는 것입니다.

초라한 창업에서는 가게의 남는 공간과 상품으로 팔 수 없는 물건들, 그리고 한가한 시간을 광고에 써야 합니다. 돈을 쓰지 않아도 홍보는 얼마든지 할 수 있습니다.

필요한 가게는
손님들이
알아서 홍보한다

입소문이 나면 가게는 자연스럽게 홍보가 됩니다. 그런데 어떻게 하면 더 널리 알려질까요? 당연한 이야기지만, 입소문이 나려면 손님이 스스로 홍보를 하게 만들어야 합니다.

그럼 손님이 알아서 홍보하게 만드는 방법, 어떤 것들이 있을까요?

'블로그나 트위터에 홍보를 해주면 드링크 한 잔 무료 제공' 같은 것을 생각했다면 정답이 아닙니다. 맥도날드 정도의 규모를 가진 대기업처럼 어떤 상품을 파는지 대부분의 사람이 알고 있는 회사라면 효과가 있을지도 모르지만, 초라한 창업을 한 가게가 '홍보 시 무료 서비스' 같은 행사를 해도 사실상 큰 효과는 기대하기 어렵습니다.

'손님이 알아서 홍보하게 하고, 트위터에 홍보해준 사람이 있으면 리트윗하는 것'이 정답입니다.

가게 측에서 억지로 유도하는 홍보는 돈과 노동력만 들어갈 뿐, 눈에 띄는 효과를 기대할 수가 없습니다. 좋은 가게를 만들면 손님이 알아서 홍보해줄 것입니다.

애초에 광고의 목적이란 일이 들어오는 것, 바의 경우 손님이 오는 것입니다. 이때 가장 효과가 높은 광고는 '바에 와줄 것 같은 사람을 찾아 직접 홍보하기'입니다.

지금이야 각지에 지점이 생기고 멀리서 찾아와주는 손님도 많아졌지만, 원래 저희 바의 상권은 점포로부터 도보 가능한 정도의 반경이었습니다. 게다가 다른 가게가 거의 없는 주택가이다 보니 근처 주민들이 주 고객층이었죠. 결과적으로 가게 근처에 사는 애주가 아저씨와 친해진 다음, "이런 가게를 하고 있으니, 언제 한번 놀러 오세요"라고 초대하는 것이 제일 효과적인 방법이었습니다.

그런 분들은 대부분 동네에 술친구들이 있고, 단골로 가는 바 등이 있어서 그쪽의 손님까지 데려와주기도 합니다. 같이 온 손님들에게 또 놀러 와달라고 머리 숙여 부탁하면 이번에는 그분들이 "얼마 전에 괜찮은 가게를 하나 찾았는데 가서 한잔할까?" 하고 또 다른 손님들을 데려오죠. 이렇게 점점 손님이 늘어나는 것입니다.

극단적으로 표현하면 내가 땀 흘린 만큼, 내가 머리를 숙인 만큼 광고가 된다는 것이죠. 그러니 광고 홍보비가 없어 개업하기

어렵다는 말은 당치않습니다. 광고 홍보비는 가게 주인의 발품과
붙임성으로 채워가는 것입니다.

어떻게 하면
SNS 인플루언서가
될까?

요즘에는 많은 가게에서 SNS 계정을 홍보 수단으로 삼고 있습니다. '오늘은 신선한 생선이 들어왔어요!', '기간 한정! 이만큼의 코스 요리에 음료 무한 리필까지 더해 3,980엔' 같은 내용을 쉽게 찾아볼 수 있죠.

　이런 방법은 원래 고정 손님이 어느 정도 확보된 인기 가게에서 진행할 때 의미가 있습니다. 좋아하는 단골 가게의 계산대에 '카카오톡 친구 추가해주세요!', '트위터 팔로우는 여기로! 스페셜 쿠폰을 보내드립니다!' 같은 안내문이 있으면 일단 팔로우해볼까 하는 마음이 들겠죠.

　하지만 특별한 재미도, 대단히 차별화된 맛도, 엄청난 양도, 인스타그램 사진용 메뉴도 없는, 아직 딱히 내세울 것이 없는 가게라면 애초에 손님이 많이 오지도 않을 것이고, 계산대에서 계정을 홍보한들 아무도 호응하지 않을 테니 별로 의미가 없습니다.

그럼, 어떻게 해야 할까요? SNS로 먼저 인기를 얻으면 됩니다. SNS를 통해 인기를 끈 가게는 아주 많습니다. 해외에서 건너와 야심 차게 카레 가게를 열었지만 손님이 없어 괴로워하던 한 주인이 트위터 계정에 비통함을 토로했다가 그 트윗이 점점 퍼져서 카레 가게가 인기를 얻게 된 사례도 있습니다. 시내 주택가에 있는 어느 술집은 주인 특유의 독설을 날리는 트위터 계정이 화제가 되면서 인기를 모았다고 합니다.

SNS에서 먼저 인기를 끌면 좋은 점이 뭘까요? 일단 상권이 확대됩니다. 인터넷상의 정보 없이 사람들이 가게를 찾아올 수 있는 방법은 그 앞을 우연히 지나가거나, 앞서 말했듯 다른 사람을 통해 입소문으로 듣거나, 가이드북에 실린 것을 보고 찾아오는 것뿐입니다. 운이 좋으면 동네를 소개하는 TV 프로그램에 나오는 행운을 얻을 수도 있지만, 이 또한 TV에 걸맞은 특별한 매력이 없으면 그대로 흘러가버립니다. TV는 노출 범위, 즉 보는 사람의 수는 많지만, 그렇게 잠깐 소개된 가게를 보고 찾아가기 위해 가게 이름과 위치까지 기억하는 수고로움을 감내하는 사람은 많지 않습니다. 어느 쪽이든 원하는 정보가 퍼지는 범위가 생각보다는 훨씬 좁습니다.

SNS에서 인기를 얻어 팔로워가 늘면 일단 정보의 확산력이 생깁니다. 즉, 닿는 범위가 넓어지죠. 또한 팔로워가 늘면 많은 사람에게 퍼질 가능성 또한 커져 이용자들의 눈에 자주 띄게 되므로 기억될 확률도 높아집니다. 광고계에서는 이를 '프리퀀시 마케팅(frequency marketing)'이라고 합니다. 반복적으로 접하다 보면 인지가 쉬워진다는 원리가 깔려 있습니다. 이 장의 앞부분에서 광고의 효과를 내는 방법은 '한번에 각인하거나, 반복해서 주입하거나' 둘 중 하나라고 했는데, 이 작업을 광고가 아닌 트위터를 통해서 하는 것입니다.

물론 직접적인 광고가 아니기 때문에 스스로 화제가 될 만한 트윗을 작성해야 합니다. 가게를 홍보하는 내용만 올라오는 계정만큼 지루한 것도 없습니다. 그런 계정은 운영해봤자 아무 소용이 없습니다. 적어도 공지용 계정과 연결된 개인 계정을 만들어 이목을 끕시다. 저는 이와 비슷한 형태로 블로그를 활용했습니다. 블로그 게시물이 몇 번인가 관심을 끌자 트위터의 팔로워 수가 급증해, 바의 손님이 크게 늘었습니다. 지금 저희 바를 찾는 손님의 대부분이 트위터를 통해 저를 알게 된 사람들이며, 예전부터 알고 지내던 사람은 극히 소수에 불과합니다(저희 바의 입구를 보면 그 이유를 알 수 있을 것입니다. 길가에 있기는 하지만 슬쩍 보고 망설임 없이 들어오기에는 꽤나 용기가 필요한 분위기거든요).

바는 좌석이 한정되어 있지만, SNS 팔로워 수에는 제한이 없습니다. 저는 기본적으로 트위터에서도 '재미있는 바의 사장'으로

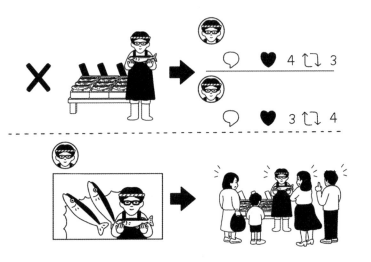

홍보를 위한 홍보는 효과가 없다.

서 글을 쓰고 있었기 때문에 그런 저의 세계를 재미있다고 느끼는 손님들은 같은 세계를 경험하기 위해 그 상징이라 할 수 있는 저희 가게에 찾아옵니다. 큰 노력이나 고생 없이 느낀 점을 트위터에 올리는 것만으로 가게가 홍보되는 셈입니다. 세상에 이렇게 편한 일이 또 있을까요.

유튜브!
유튜브!
유튜브!

SNS에는 다양한 종류가 있습니다. 지금까지는 트위터의 파급력이 컸기 때문에 저도 '블로그 → 트위터'의 순서로 홍보를 해왔지만, 최근에는 누가 뭐래도 유튜브가 대세인 것 같습니다.

많은 분들이 유튜버가 되는 일을 어렵게 생각하실 것입니다. '소재를 찾아내고 → 촬영하고 → 편집하고 → 업로드'해야 하는 등 작업 과정이 복잡하고, 경쟁자도 셀 수 없이 많으니까요. 실제로 그들 사이에서 눈에 띄기란 여간 어려운 일이 아니지만, 일단 팬이 생기기만 하면 강력한 힘을 발휘하는 것이 바로 유튜브입니다.

저는 트위터도 병행하고 있지만, 적성에 맞는 사람이라면 유튜브를 더욱 적극적으로 활용할 것을 추천합니다. 앞으로는 사람들이 활자 매체를 보는 시간보다 유튜브 같은 영상 매체를 접하는 시간이 길어질 것으로 예상되기 때문입니다.

하쿠호도 DY 미디어 파트너스가 2018년 발표한 데이터에 따르면 사람들이 미디어를 접하는 시간은 매년 길어지고 있으며, 2018년 처음으로 디지털 미디어에 접속하는 시간이 전체 미디어 소비 시간의 절반을 넘어섰다고 합니다. 휴대전화 및 스마트폰에 접속하는 시간은 2013년의 두 배로, 하루 평균 100분을 돌파했다더군요.

그리고 2017년 총무성 정보통신정책 연구소가 발표한 〈정보 통신 미디어의 이용 시간과 정보 행동에 관한 조사 보고서〉에 따르면 5년 사이 사람들이 동영상 사이트를 이용한 시간은 평일, 휴일 할 것 없이 약 두 배 증가했다고 합니다. 특히 10대(평일과 휴일)와 20대(휴일)의 동영상 사이트 이용 시간은 눈에 띄게 길어져, 온라인에서 SNS의 뒤를 이어 2위를 차지하였다고 합니다.

정보를 수집하는 주요 매체가 신문에서 TV로 서서히 옮겨갔던 것처럼 앞으로는 온라인 동영상을 보는 사람들이 점점 증가할 것입니다. 요즘 젊은이들 중에는 집에 TV가 없는 사람도 많다고 하는데요. 그들이 평소에 보는 것은 다름 아닌 동영상입니다. 이렇게 활자 매체보다 영상 매체를 보는 시간이 길어지면 '단순 노출 효과'라는 것이 작용해, 더 오랜 시간 접한 쪽에 자연스럽게 호감을 갖게 됩니다. 이는 옷이나 음식에도 적용되며, 광고 또한 이런 논리로 성립됩니다. 기업들이 광고를 많이 하는 이유입니다.

트위터의 게시물을 읽는 시간이 단 몇 초인 것에 비해, 유튜브 영상에서는 몇 분이든 자신의 얼굴을 노출시킬 수 있기 때문에 같은 인원의 사람이 접할 경우, 동영상 쪽의 단순 노출 효과가 더 높아지는 것입니다.

아무리 이목을 끄는 내용이라도 트위터에서는 하루, 길어봤자 이틀 만에 흘러가버리는 데다가, 하나의 트윗이 관심을 모았다고 해서 다른 트윗의 화제성까지 동반 상승할 확률은 낮습니다. 하지만 유튜브의 영상은 채널을 생성해 구독자가 생기면 다른 영상도 함께 볼 가능성이 커집니다. 항상 그곳에 콘텐츠가 존재한다는 사실도 매우 중요한 포인트죠. '내가 자고 있는 동안에도 영상 속의 내가 홍보를 해주고 있는 것'과 마찬가지입니다. 자는 동안 과거 영상 속의 내가 일을 해준다니, 정말 최고 아닌가요?

저는 과거에 다양한 경험을 한 덕분에 여러 방면으로 인맥이 있는 편입니다. 이를 활용해 도움을 많이 받았습니다. 그럼에도 불구하고 영상이 폭발적인 반응을 얻기까지는 반 년 이상의 시간이 걸렸습니다. 확실히 수고스러운 일이더군요.

출판계의 불황이 길어지고 있습니다만, 앞으로는 출판 편집자가 하던 역할을 영상 편집자가 하지 않을까 생각합니다. TV와는 다르게 유튜브는 적은 수의 사람이 틈을 메꿔가며 계속 이야기를 하는 형태가 주류를 이루고 있습니다. 그런 면에서 유튜브 콘텐츠는 TV보다는 서적이나 블로그에 가까워 보입니다. 앞으로는 콘텐츠가 있는 사람이 스스로 편집을 하는 기존의 스타일에서 벗어나 전문 편집팀을 꾸리고 여러 명의 출연자를 디렉팅, 프로듀싱 하는 스타일도 많아질 것입니다.

유튜버와
연예인의
경계가 사라진다

이것 말고도 유튜브에 영상을 올리는 장점은 또 있습니다. 그것은 화면 속의 인물이 될 수 있다는 점입니다.

앞서 젊은 세대의 동영상 사이트 이용 시간이 비약적으로 늘어나고 있다는 이야기를 했는데요. 그들이 유튜버의 동영상만을 보는 것은 절대 아닙니다. 업로드된 TV 예능 방송 등도 보고 있죠.

이렇게 되면 어떤 변화가 일어날까요? 비트 다케시나 아카시야 산마, 타모리(수십 년 동안 일본 방송계의 최전선에서 활약해온 유명 방송인들 - 옮긴이 주) 등을 유튜버로 알고 있는 사람은 없겠지만, 이제 막 이름을 알리기 시작한 신인 개그맨들은 요즘 젊은 세대의 입장에서 보면 '핫한 유튜버'와 마찬가지일 수 있습니다.

TV를 별로 보지 않는 젊은이들에게 그들은 일반 유튜버와 다름없이, '유튜브에서 발견한 사람'일 테니까요. 유행이 조금 지나기는 했지만, 개그맨 콤비 '8.6초 바주카'의 '랏슨고레라이'라는 개그는 유튜브에서 폭발적인 관심을 얻었습니다. 이것이 더 큰 규모로 확산되어 전 세계로 알려진 것이 '피코 타로'의 'PPAP- 펜 파인애플 애플 펜'입니다.

유튜브 영상이 인기몰이를 하면 '화면 건너편의 사람'이 될 수 있는 기회가 생깁니다. 지난 9월에 저의 유튜브 채널 구독자가 7만 명을 넘기고, 조회수가 400만이 넘는 동영상도 생겼습니다. 실제로 그 시기부터는 가게에 가면 "와, 진짜 '대단한 점장'이잖아. 실물이야!"라고 말하는 손님이 점점 많아졌습니다. 그때까지는 진짜고, 실물이고 할 것도 없이 그저 가게 영업이 끝나기 전에 수금이나 다니는 사람이었는데, 유튜브 영상이 화제가 되자 저를 화면 건너편의 존재로 인식하는 사람들이 많아진 것입니다.

가끔은 관객과 함께 하는 이벤트 같은 곳에도 초대받게 되었습니다. 약 2년 전까지 저는 그저 아무도 오지 않는 바의 카운터에 멍하니 앉아 있는 한가한 점장이었는데 말입니다. 참 신기한 세상입니다.

그러니 SNS도, 유튜브도 적극적으로 활용합시다. 심지어 시

청도, 게시도 무료니까요. 재미있는 콘텐츠를 꾸준히 올리면 손님
을 모으는 데 분명히 도움이 될 것입니다.

아무도
오지 않는 가게에는
아무도
오지 않는다

SNS를 효과적으로 영업에 활용하는 방법에 대해 이야기하고 있는데요. 가게란 참 신기한 곳이라서 아무도 오지 않는 가게에는 아무도 안 오고, 사람이 많이 오는 가게에는 더 많은 손님이 모이는 현상이 일어납니다. 정말 그렇습니다. 깜짝 놀랄 정도입니다. 손님들이 서서히 발길을 끊다가 결국 없어지는 가게는 얼마 전부터 조짐이 보입니다. 아주 한산하고 공기도 침체되어 있죠. 그야말로 불길한 분위기가 흐릅니다. 반대로 번창하는 가게는 아무리 외관이 허름하고, 어느 한구석이 망가져 있더라도 활기와 생명력이 넘칩니다.

경영자 입장에서는 당연히 손님들이 찾아와 가게에 활기가 생기길 바라지만 늘 뜻대로 되지는 않습니다. 인기 있는 가게에도 파리만 날리는 날이 있을 수 있고, 막 개업한 가게라면 손님이 한 명도 없는 날도 많습니다.

그러면 주인은 이런 생각을 합니다. '아, 한가하다', '아무도 안 오잖아', '문 닫고 집에 가고 싶다'. 물론 그 마음을 모르지는 않지만, 그렇다고 이런 말을 정말로 입 밖에 내거나 SNS에 올리지는 맙시다. 이런 말 한마디가 불길한 분위기의 근원이 될 수도 있습니다.

일하는 사람에게
일이
들어온다

지금은 음식점을 기본으로 이야기하고 있지만 다른 업종도 마찬
가지입니다. "주문이 하나도 안 들어와", "한동안 잡혀 있는 일이
없어"라고 말하는 건축사무소에 집을 지어달라고 의뢰하는 사람
이 몇이나 될까요.

　　사람들이 유명한 곳에 일을 맡기는 가장 큰 이유는 이름이
알려진 곳일수록 경험이 많고 익숙하게 일을 처리하기 때문입니
다. "일이 하나도 없으니 일 좀 맡겨주세요"라고 말하는 사람보다
"굉장히 바쁘긴 하지만 이 날짜에는 시간을 비울 수 있어요. 어떻
게 하시겠어요?"라고 묻는 사람에게 일을 맡기고 싶어지는 게 당
연합니다.

왠지 즐거워 보이는
가게,
왠지 시끌벅적한
가게

다시 말하지만 공개된 곳에는 부정적인 정보를 남기지 않는 것이 좋습니다. 음식점의 경우 매상이 안 좋다, 손님이 아무도 없다, 바퀴벌레가 나왔다 같은 정보는 모두 NG입니다.

손님이 없는 상황을 꼭 전해야겠다면 '날씨가 안 좋았지만 생각보다는 많은 분들이 찾아주셨습니다', '어제는 만석이었지만 오늘은 오시면 앉으실 수 있어요!'라고 씁시다.

건축사무소라면 깔끔한 옷차림으로 지나가는 사람들에게 인사를 건네며 사무실 앞을 청소하고 깨끗이 정리합시다. 일하는 분위기가 풍길 것입니다.

손님들이 의뢰를 결심하는 가장 중요한 조건이 바로 이 '꾸준히 일하는 분위기'입니다. 보습 학원에 학생이 한 명밖에 없다면 '신규반 개설! 새로운 코스인 만큼 소수 정예로 세심한 지도가 가능합니다!'라고 홍보하고, 그 학생이 1지망 대학에 합격하면 '쾌

거! 합격률 100%'라고 발표하는 것이죠.

거짓말은 하지 않았습니다. 하지만 이런 식의 발표를 반복하면 실제로 의뢰가 들어오고, 그 의뢰를 처리해나가다 보면 결국에는 정말로 바빠져서 가게가 번창하게 됩니다. 원래 이렇게 돌아가는 법이죠. 벌이가 안 좋다고 그것을 얼굴에 드러내서는 안 됩니다. 경영이 안 좋을 때야말로 바쁜 모습을 연출합시다.

'왠지 즐거워 보이네. 뭔지 모르지만 대단한 것 같아!' 이런 느낌만으로도 사람을 모을 수 있습니다. 반대로 말해 '왠지 좀 지루해 보이네, 어딘가 잘 안 풀리는 모양이야'라는 생각만으로 사람들은 그 가게를 만만하게 보고 발길을 끊게 됩니다.

가치 포장과
이미지 전략

'아, 한가하다', '아무도 안 오잖아', '문 닫고 집에 가고 싶다'는 등의 이야기를 공공연하게 하고 다니면 저절로 사기는 떨어지게 되어 있습니다. 시작하기도 전에 이미 지는 것이나 마찬가지입니다. 우리는 언제 무너질지 모르는 초라한 가게를 운영하는 사람들입니다. 사기까지 떨어지면 그대로 완패합니다. 곧바로 가게 문을 닫게 될 것입니다.

저희 가게는 상장기업은 아닙니다. 따라서 세무서를 상대로 확실한 결산만 하면 됩니다. 습관적으로 거짓말을 하다 들통이 나면 신용을 잃겠지만, 거짓이 되지 않을 정도로만 말을 살짝 포장해 가게의 기세를 연출하는 것은 도움이 됩니다.

사실 이것은 광고업계에서 상식에 가깝게 쓰이는 방법입니다. 특히 부동산 광고에서 아주 흔히 볼 수 있습니다. 일본에는 맨션 광고에서 볼 수 있는, 그럴듯하게 포장된 캐치 카피를 칭하는

'맨션 포엠'이라는 말이 있을 정도니까요.

'세 개 역, 네 개 노선 이용 가능! 전철을 타고 어디든 갈 수 있습니다!'라고 알리는 광고는 대개 어느 역에서나 거리가 어중간하고, 전철로 이동하지 않는 한 주변에 웬만한 인프라가 없다는 뜻입니다. '도쿄에서 사는 것의 가치'라고 표현했다면 대부분 교외와의 경계에 위치해 아슬아슬하게 도쿄 안에 포함된 집일 테고요.

그나마 도쿄에 있기라도 하니 다행이지만, '로망의 세이죠가 눈앞에!'라는 카피의 건물은 실제로 가보면 제일 가까운 역이 센가와역이기 일쑤입니다. 정확히 말하면 세이죠 학원은 세타가야구에, 센가와는 조후시에 있는데 말이죠. 양쪽 모두 좋은 동네지만 세이죠를 세일즈 포인트로 삼으면 집값이 확 올라갑니다(그래도 세타가야 구보다는 합리적인 가격이기 때문에 꽤 인기가 있습니다).

곰곰이 생각해보면 '세이죠가 눈앞에!'라는 카피의 포인트는 '세이죠는 아니다'라는 점에 있습니다. "우리 집 바로 앞이 편의점이야"라고 말하는 사람이 편의점에 살지는 않잖아요. 한때 유행했던 방문 판매의 경우도 마찬가지입니다. 집에 찾아와 "소방서 쪽에서 왔는데요. 가정용 소화기의 구입을…"이라고 장사를 하던 영업 멘트 말입니다. 소방서 쪽에서 왔다고 했을 뿐, 소방서에서 나왔다는 말은 한마디도 하지 않았습니다.

이와 같은 '거짓말은 아닐 정도의 포장'은 실제로도 많이 쓰입니다. '지금의 당신만이 표현 가능한 아름다움이 있다'는 화장품 광고는 '(우리 회사의 화장품을 쓴다면) 당신은 젊었을 때보다 지금이 아름답다'는 이야기를 하고 싶은 것입니다. 괄호 안의 내용이 제일 중요합니다. 가게가 번창하는 분위기를 풍겨 팬을 늘려갑시다.

초라하지 않은 포인트 정리

- 광고 홍보비는 붙임성과 발품으로 대신하자.
- 가게의 SNS 계정을 개설할 것이 아니라, SNS의 공간을 가게로 삼자.
- 왠지 모르게 즐거워 보이는 분위기로 사람을 모으자.
- 가치를 포장해 이미지를 끌어올리자.

STEP 06.

초라한 창업
사
례

초라한 창업을 권하기로
마음먹은
날

저는 초라한 창업으로 회사를 세운 장본인입니다. 많은 사람의 도움 덕분에 사업은 궤도에 오를 수 있었습니다. 그래서 '초라한 창업 컨설턴트'라는 새로운 이름으로 활동하기 시작했습니다. '이 방법, 다른 사람들도 쓸 수 있을 것 같은데?' 하는 생각이 들었기 때문입니다. 실제로 '대단한 점장의 비결'에 공감해준 사람들이 여럿 있었고, 그 방법을 알려달라고 요청하는 사람도 나타나기 시작했습니다.

　직접적인 계기는 제가 경영하고 있던 리사이클 숍의 경영권 매각이었습니다. 리사이클 숍은 흑자였고 일하는 시간을 연장하면 그 시간만큼 더 벌 수 있는 사업이었지만, 다른 사업과 가정에 시간을 쏟다 보니 리사이클 숍에 할애할 수 있는 물리적 시간이 부족해졌습니다.

　한편 블로그에 썼던 종교 및 생활보호 관련 글이 어느 정도

화제를 모으며 바를 찾는 단골과 트위터의 팔로워 수도 꾸준히 증가했습니다. 당시 팔로워 수는 1,500명가량이었던 것으로 기억합니다. 그러던 중 블로그에 흑자 사업인 리사이클 숍을 팔고 싶다는 글을 올리고 관심 있는 사람은 트위터 DM으로 연락을 달라는 인수자 모집 공고를 냈습니다.

응모 자격은 운전면허 소지자로(미니 트럭을 운전할 수 없으면 리사이클 숍 운영은 불가능합니다), 이 사업에 전념할 수 있으며(소속된 곳이 없거나 하던 일을 그만둘 수 있는 사람), 보증인을 세울 수 있고, 50만 엔 정도의 현금을 소지한 사람이었습니다. 가게의 모든 재고와 미니 트럭 한 대, 이미 지불한 한 달 분의 보증금을 모두 포함해 30만 엔에 인수해주길 바란다는 내용도 썼습니다.

오직 저의 개인적인 사정에 맞춰 인수자를 선정했고, 평가 기준도 공표하지 않았습니다. 그런 것들을 고민하는 시간조차 아까웠기 때문입니다. 아무런 인사도 없이 "저한테 넘겨주세요"라고 말하는 사람이나 단순히 "자세한 내용을 알고 싶은데요"라고 연락한 사람들은 후보에서 제외했습니다.

너무 바빠서 어쩔 수 없이 가게를 넘기기는 하지만, 정성으로 가꿔온 흑자 사업인 데다가 성공했던 첫 가게였던 만큼 애착이 있었기 때문입니다. 노하우는 모두 전수할 생각이었지만, 기본적인 예의가 없거나, 자신이 할 수 있는 일을 그 자리에서 확실하게 말하지 못하는 사람이라면 리사이클 숍 운영에는 맞지 않을 것이라고 생각했습니다. 가게가 망하는 것은 보고 싶지 않았고, 그렇다고 처음부터 하나하나 가르쳐주기엔 시간이 부족했습니다. 이런 조건들이 있었음에도 불구하고 불과 두 시간 만에 다섯 명이 응모를 해 모집을 마감했고, 이벤트에서 직접 만난 사람까지 포함해 총 여덟 명 중에서 인수자를 고르게 되었습니다. '수요가 의외로 많구나' 하는 것이 솔직한 감상이었습니다.

면접 후 나름대로 엄정한 선별을 통해 최종 후보를 세 명으로 추렸습니다. 세 명 모두 각자의 매력을 지니고 있는 우수한 인재라 상당히 고민을 많이 했습니다.

첫 번째 후보는 제 트위터를 꼼꼼하게 체크하고 있던 분으로, 당시 약관 20세였던 G 군이었습니다. 두 번째 후보는 가나가와에서 이미 안정적으로 부동산 회사를 운영하고 있던 분으로, 이 가게를 도쿄 진출의 발판으로 삼고 싶다고 어필한 20대 후반의 사장 K였습니다. 세 번째 후보는 오래된 친구인 N 씨. 하던 일이 힘들어 응모를 했지만, 10년 이상의 사회 경험이 있었고 '근로자로서의 경험밖에 없는데 괜찮을까?'라면서 겸허한 자세로 배우고자 했습니다. 이 중에 제가 최종적으로 리사이클 숍을 맡기기로 한 사람은 세 번째 후보인 N 씨였습니다.

예의 바른 G 군은 그야말로 미래가 밝은 젊은이의 인상이었습니다. 모집 공고 전부터 적극적으로 꼭 자신에게 넘겨달라고, 꼭 해보고 싶다고 어필하며 꾸준한 열정을 보여줬기 때문에 그 진심만큼은 고스란히 전해졌습니다. 다만 사회 경험이 전혀 없었기 때문에 "꼭 해보고 싶은데 어떻게 하면 될까요?", "언제까지 어떤 수속을 밟아야 할까요?"와 같은 질문이 많았습니다. 의욕 넘치는 학생의 입장이라면 정중하고 적절한 자세였겠지만 차기 경영자라는 즉시 전력이 필요한 상황에서는 다소 아쉬움이 있었습니다. 회사의 자금이 풍부해 젊은 인재를 차근차근 육성할 수 있는 환경이었다면 분명 G 군을 선택했을 겁니다. 하지만 안타깝게도 당시 저에게는 고물상의 거래 관습이나 장사꾼의 감 같은 것까지 일일이 가르쳐줄 여력이 없었습니다.

두 번째 후보였던 K 사장은 사업가답게 자신이 제공할 수 있는 일체의 조건을 제시한 후, 묵묵히 응답을 기다리는 태도를 유지했습니다. 부드러운 언행, 겸손한 자세, 넘치는 자신감과 훌륭한 체격까지, 인간적인 매력이 가득한 사람이라 이 사람에게 넘기면 분명 잘될 것이라 직감했습니다. 그 무엇보다 같은 경영자로서 제가 쌓아온 노하우와 수고를 높게 평가해 제시한 매각가의 두 배에 가까운 금액을 쳐주겠다고 했습니다. 공짜로 노하우를 얻으려고만 하는 사람들도 많은데, 제 노력과 성과를 제대로 평가해준다는 점이 정말 기뻤습니다. 나중에 이야기를 들어보니 K 사장은 그때 저의 트위터를 팔로우하기는커녕, 저의 존재마저 몰랐다고 하더군요. 그저 자신의 타임라인에 모집 공고 리트윗이 올라와서, 그 자리에서 특별한 리스크나 큰 문제점이 없음을 확인하고, 상세한 절차들은 나중에 어떻게든 처리할 수 있을 것이라 판단했다고 합니다. 또한 30만 엔으로 창업을 하고 싶어 하는 젊은이들이 매입 경쟁자임을 파악하고 옥션의 개념으로 매입가를 설정했다고 합니다. 대략적으로 내용을 훑어본 결과, 작업과 수익의 흐름을 정리하는 데 필요했을 고충까지 감안하면 몇 배 더 높은 가치를 지닌다고 생각했지만, 자신의 이익을 최대화하는 방향을 택했다고 했습니다. 장사를 하는 사람으로서 보고 배워야 할 훌륭한 논리였습니다. 다만 K 사장의 본업이 가나가와현 중부에 거점을 두고 있어 지리적인 문제가 있었고, 당시 저와 초면이라 허심탄회하게 뭐든 다 털어놓을 수 있는 사이가 아니었기 때문에 다소 어려운 점이 있었습니다.

세 번째 후보인 N 씨는 오래전부터 알고 지낸 사이로, 당시 하던 일이 힘들었다는 것과 실무 능력에 문제가 없다는 사실은 익히 알고 있었습니다. 결정적인 이유는 저의 사고방식을 잘 이해하고 공감해준다는 점이었습니다. 저희 가게는 이런저런 사람들이 이래저래 드나들던 곳으로, 동네 아주머니가 마음 편히 쉬러 올 수 있는 분위기의 공간이었기 때문에 이를 받아들여줄 것이라는 확신이 든다는 점이 크게 작용했습니다.

사업은 마치 아이와 같아서 키워나가다 보면 수많은 괴로움과 기쁨, 슬픔을 경험하게 됩니다. 작은 사업체를 매각하는 일은 자신의 아이를 입양 보내는 것과 같습니다. 옛날에는 아이가 없는 친척집에 입양을 보내는 경우가 많았습니다. 친척에게 아이를 보내면 키워줄 사람의 얼굴도, 성격도 알고 있으니 걱정을 덜 수 있고, 언제라도 아이를 보러 갈 수 있다는 점에서 안심할 수 있었습니다.

'그 사람이 맡아준다면 괜찮을 거야'라는 안도감. 저에게는 얼마에 파느냐보다 이 편안함이 더 중요했습니다. G 군도, K 사장도, 그 밖의 다른 지원자들도 모두 신뢰할 수 있는 사람들이었지만 결국 지금까지 쌓아온 시간의 역할이 컸습니다.

그렇게 점장이 된 N 씨가 지금도 리사이클 숍을 경영하고 있습니다. 가게는 딱히 예전과 달라진 점 없이 운영 중입니다. 가게를 맡고 수개월 만에 N 씨도 꽤나 든든한 경영가로 성장한 모양입니다. 역시 이론만 뒤적이고 있는 것보다 실제 경영을 해보는 편이 몇 배 더 빨리 경험치가 쌓이는 것 같습니다. 첫 번째 후보였던 G 군과는 지금도 사이좋게 지내고 있습니다. G 군 역시 다양한 경험을 쌓고 있으니 머지않아 버젓이 제 몫을 해내는 인물이 되겠죠.

저는 두 번째 후보였던 가나가와의 K 사장에게도 큰 관심이 생겼습니다. 당시 그의 트위터 팔로워는 수십 명밖에 없었지만 분명 재미있는 사람일 것이라는 확신이 들었습니다. 뛰어난 부동산 투자가이기도 했기 때문에 리사이클 숍 면접 이후에도 트위터에서 즐겁게 대화를 나누고 있죠.

'초라한 창업'을
원하는 젊은이가
나타나다

그러던 어느 날 한 블로그를 발견했습니다. '카페를 열어보겠습니다'라는 이름의 블로그로, 대학 졸업을 앞두고 취업에 실패한 블로거가 직장인은 적성에 맞지 않는 것 같으니 창업을 하겠다는 내용을 포스팅하고 있었습니다. 그 말에 이끌려 글을 훑어보니 창업하고 싶은 이유가 저와 거의 비슷했습니다.

　① 잠도 잘 못 자고, 잘 일어나지도 못한다
　② 구직 활동이 힘들다
　③ 일하기 싫다

이어지는 블로그 글에는 카페를 운영할 때의 장점들도 정리되어 있었습니다. 그 또한 '커피를 너무 좋아하니 그 지식을 활용하고 싶다' 같은 맥락이 아니었습니다.

제 주변에는 그림을 그리거나, 사진을 찍거나, 모델 일을 하는 등, 자신이 하고 싶은 일들을 해온 친구들이 여럿 있습니다. 그런데 오랜 시간을 들여 길러온 지식과 기술이 있어도, 돈이 안 되면 언젠가는 그만두게 되더군요. 제가 카페라는 형태의 가게를 가지고 있으면 친구들이 자유롭게 작품을 전시해 판매하고, 마음껏 음악을 연주하며 사람들에게 돈을 받을 수 있는 공간이 생기게 됩니다. 나아가 저렴한 값에 식사를 하고, 일하고 싶을 때 부담 없이 일할 수 있는 곳, 물물교환을 통해 무언가를 얻을 수 있는 장소도 확보할 수 있습니다.

제가 이런 사람들이 모이는 공간을 만들면 여러 방면으로 그들을 지원할 수 있을 것이라는 생각이 듭니다. 단적으로 말하면 '어중간한 사람이 어중간하게 살아갈 수 있는 장소를 만들고 싶습니다.

블로그의 글을 쓱 읽고는 '좋은데?' 하는 생각이 들었습니다. 초라한 창업의 마인드에서 힌트를 얻은 것이겠죠. 그야말로 '초라한 카페'였습니다.

'커피에 자신이 있어서 카페를 여는 것이 아니라 친구들이 모일 수 있는 살롱 같은 공간을 목적으로 장소를 마련하고, 어차피 확보된 장소가 있으니 카페를 열자' 제가 바를 오픈할 때와 거의 동일한 사고방식이자, 이미 여러 번 언급한 생활의 자본화 발상입니다.

그 블로거는 사흘 후 곧바로 가게를 내고 싶은 동네를 그 지역 출신의 친구와 함께 돌면서(돈을 들이지 않고 협력자를 구함) 시장 조사를 하고, 해당 지역의 부동산을 방문해 괜찮은 자리를 찾아냈습니다. 창업자에게 걸맞은 신속한 행동력이었죠.

하지만 그는 이내 벽에 부딪혔습니다. 아르바이트를 하며 창업 자금 60만 엔 정도를 모아뒀는데 부동산에 초기비용을 문의해본 결과, 어떻게 해도 돈이 부족할 것이라는 사실을 알게 된 것입니다. 보증금으로 월세 4개월분, 사례금으로 2개월분(임대에 대한 감사 표시로 건물주에게 지불하는 돈으로, 일본에서는 이 항목이 계약 조건에 포함되는 경우가 많다 – 옮긴이 주), 중개 수수료로 1개월분, 보증회사 비용으로 1개월분, 여기에 한 달 치 월세의 선납까지, 초기비용으로 총 9개월분의 월세가 필요했던 것입니다. 열심히 찾아보면 더 싼 곳도 있었겠지만, 그는 역시 그곳에 가게를 내고 싶었습니다.

순식간에 결정된
투자,
100만 엔

이와 같이 가게를 열고 싶지만 자금이 부족한 경우, 아르바이트로
더 많은 돈을 모으는 것이 왕도겠지만 그 자리가 돈을 다 모을 때
까지 비어 있을 것이라는 보장은 어디에도 없습니다. 물론 은행
에서 대출을 받는 방법도 있습니다. 가능하기만 하다면 말입니다.
그러나 그렇게 되면 당연히 리스크는 커지게 됩니다. 대단한 점
장을 패러디해 감성적 점장(이때 쓰인 '대단한[에라이]'과 '감성적[에모
이]'은 일본어 발음이 비슷하다 ─ 옮긴이 주)이라는 닉네임을 쓰고 있
던 그는 트위터에 이런 글을 올렸습니다.

감성적 점장@emoiten　　　13:18 ─ 2018년 1월 15일

세금에 대해 잘은 모르지만 가상화폐로 돈벼락을 맞은 사람이 계시다면

절세를 위해 100만 엔 정도만 저한테 투자하시죠. 초라한 카페를 열 생

각입니다. 사실 진짜로 절세가 되는지는 잘 모르겠습니다.

감성적 점장@emoiten   18:39 - 2018년 1월 15일

성과물, 진척 상황을 업데이트하면서 100만 엔을 투자해주실 분을 위해 만반의 준비를 해놓고 기다리겠습니다.

이 글을 보고 저는 리사이클 숍의 운영자 후보였던 K 사장, 카이류 기무라 씨를 떠올렸습니다. 그는 신기하게도 바로 전날 트위터에 이런 글을 올렸습니다.

카이류 기무라@ababa2017   0:20 - 2018년 1월 14일

개인 콘텐츠로 신용과 돈을 모으는 시대. B2C를 하나 소유하고 있는 건 큰 강점이다.

카이류 기무라@ababa2017   1:23 - 2018년 1월 14일

'대단한 점장 메소드', 순수한 청년이 이 방법으로 도쿄에서 창업을 하면 먹고사는 데는 지장이 없을 것 같다. 100만 엔 정도는 도와줄 수 있으니, 일단 도전하는 모습이 보고 싶다.

이 트윗을 기억하고 있던 저는 카이류 기무라 씨에게 말을 걸었습니다.

대단한 점장@eraitencho　　　18:47 – 2018년 1월 15일

@ababa2017

만나본 적은 없지만 재미있어 보이는 사람이니 100만 엔 정도 투자해보면 어때요?

그리고 결국 이렇게 되었습니다.

카이류 기무라@ababa2017　　　18:49 – 2018년 1월 15일

@eraitencho

좋습니다!

감성적 점장이 처음 글을 올리고 약 5시간 반 동안은 출자자가 나타나지 않았지만, 두 번째 트윗을 한 후 불과 10분 만에 창업 자금 100만 엔의 출자가 결정되었죠.

감성적 점장@emoiten　　　19:12 – 2018년 1월 15일

@ababa2017

언제든지 100만 엔을 받으러 달려가겠습니다. 잘 부탁드립니다.

역시 장사하는 사람과는 이야기의 진행이 빠릅니다. 그로부터 4일 후, 저의 선배가 운영하는 가게에서 카이류 기무라 씨와 감

성적 점장이 만나 정식으로 100만 엔의 출자가 이뤄졌습니다. 3월 1일에 가게를 오픈하는 것을 목표로 정했죠.

카이류 기무라 씨는 본인의 블로그에 이 출자에 관한 글을 썼습니다.

초라한 카페, 100만 엔은 개인 사업에 대한 출자 계약 형식으로 정리했습니다.

(…)

이 건을 그 자리에서 결정한 것은 대단한 점장의 소개가 있었기 때문이기도 하지만, 무엇보다 감성적 점장에게서 좋은 인상을 받았기 때문입니다. 감성적 점장은 과묵한 성격에 글의 문체도 침착하고 간결했을뿐더러, 마음속에 따뜻한 무언가를 품고 있다는 느낌이 들었습니다.

제 자신이 학창 시절 마음 둘 곳이 많지 않았기 때문에 저처럼 겉도는 사람을 은근하게 품어주는 카페가 있다면 의지가 되겠다는 생각도 들었습니다. 어쩌면 예전의 나를 도와주고 싶다는 마음이 생겼던 것일지도 모릅니다.

물론 비즈니스이기 때문에 수익이 없으면 유지가 안 될 테고, 유지가 되지 않으면 많은 사람을 불러들일 수도 없겠죠. 하지만 일단 지금은 너무 무리해서 애쓰지 말고 자유롭게 자신이 있을 곳, 자신만의 성을 쌓아갔으면 합니다.

다들 돈을 벌거나 모으는 것이 힘들다고만 하지만, 그는 이렇게 창업자금을 조달했습니다. 닉네임도 참 잘 지었다 싶습니다. 카이류 기무라 씨는 그야말로 감성을 자극하는 매력에 끌려 100만 엔의 출자를 결정했으니까요. 출자를 결심하는 계기는 의외로 이런 것들입니다.

감성적 점장은 블로그에서 카이류 기무라 씨가 도와주겠다고 나섰던 때를 이렇게 회상하고 있습니다.

초라한 카페를 열고 싶으니 가상화폐로 번 돈 100만 엔만 나한테 달라. 이런 엉뚱하기 짝이 없는 트윗을 올렸는데 대단한 점장님이 리트윗을 해준 덕분에 팔로워가 늘었습니다. 초기비용 금액을 듣고 역시 무리인가 싶어 풀이 죽어 있던 시점이었기 때문에 팔로워가 많아진 것만으로도 '오! 이거 잘하면 되겠다! 할 수 있어!' 하고 자신감이 되살아났습니다.
(중략)
돈이 불어나지는 않더라도 주변에 사람이 많아지면, 어떻게든 힘을 얻는다는 것. 그리고 필요할 때, 필요한 사람에게, 필요한 자금을 순환시켜 하고 싶은 일을 할 수 있을 뿐만 아니라 죽지 않고 살아 있길 잘했다고 느끼는 사람을 늘려간다는 생각은 제가 초라한 카페에서 이루고 싶은 일 그 자체입니다.

제가 직접 그 수혜자가 되어보니 이것이 얼마나 중요한지 다시 한번 실감할 수 있었습니다. 그리고 앞으로는 누군가가 나를 보고 이런 마음을 가질 수 있도록 살아가야겠다는 강한 의지가 생겼습니다.

역시, 감성적인 글이네요.

초라한 카페에
찾아온
멋진 사람

감성적 점장의 블로그를 읽고 마음이 흔들린 또 한 명의 사람이 있었습니다. 도쿄에서 학생으로 3년, 사회인으로 3년 살았지만 과도한 업무를 버티지 못해 규슈의 본가로 돌아가 다시 공부를 하면서 요양을 하고 있는 여성이었습니다. 어느 날 트위터에서 초라한 카페에 대해 알게 되었고, 초라한 카페라는 이름에 강하게 끌려 트위터와 블로그를 찾아봤다고 했습니다. 그 후 그녀는 고민 끝에 용기를 내어 감성적 점장의 블로그에 댓글을 남겼습니다.

　처음 뵙겠습니다. 갑작스러운 댓글, 실례합니다!
　초라한 카페의 창업 계획이 굉장한 기세로 실현되고 있는 것 같네요.
　제가 100만 엔을 드릴 수는 없지만 적은 돈이라면 출자가 가능하니, 이 카페에서 일하게 해주시면 안 될까요?

사람과 사람을 부담 없이 이어주는 공간에서 먹고사는 데 큰 지장이 없을 정도의 수입을 얻을 수 있는 일, 보잘것없더라도 매일 죽고 싶다는 생각을 하지 않고 살아갈 수 있는 일을 해보고 싶다고 생각하면서도 좀처럼 행동에 옮기지를 못했어요.

이왕이면 카페에서 실현해보고 싶다고 막연히 생각하고 있을 때, 초라한 카페의 오픈 계획을 알게 되었습니다. 진심으로 출자를 하고 싶습니다.

이후 오링 씨는 댓글을 남기던 당시의 심경을 블로그에 털어놓았습니다.

막연하게 살기 힘들다고 느끼는 사람, 당연한 듯 취직해서 매일 만원 전철 속에 몸을 맡긴 채 거대한 회사의 작은 부품으로 일하기 위해 사는 것인지 살기 위해 일을 하는 것인지 그 목적을 알수 없게 되어버린 사람, 회사의 다른 사람들은 어째서 이 상황에 숨 막혀 하거나 의문을 품지 않는지 이해가 되지 않는 사람.

이 모두가 좀 더 편한 삶을 모색해도 되지 않을까?

어딘가에는 더 편한 삶이 있지 않을까?

댓글의 내용처럼, 유명한 창업가들에 감화되어봤자 내가 할 수 있는 일은 하나도 없고….

나에게 초라한 카페는 우울한 나날 속에 발견한 한줄기 빛이었다.

대단한 부자가 되고 싶은 것도 아니고, 명품이 갖고 싶은 것도 아니다.

그저 죽고 싶다, 그만 살고 싶다는 생각 없이 하루를 보낼 수 있는 삶을 살고 싶다.

초라한 카페라면 그런 하루하루를 만들어주지 않을까 하는 생각에 그 카페에서 일하게 해달라고 부탁했다.

나와 같은 하루하루를 꿈꾸는 사람들이 이어져, 그냥 한번 살아보는 것도 괜찮네, 하고 생각하는 날이 온다면 참 기쁠 것 같다.

창업 스토리에
공감한
팬들이 모여들다

감성적 점장과 감성적 직원 오링 씨는 이렇게 만났습니다. 감성적 점장의 블로그가 갱신된 것은 1월 26일. 오링 씨는 그날 댓글을 남기고 트위터 DM으로 감성적 점장과 이야기를 진행시켰습니다. 그리고 2월 8일에 급하게 상경해 감성적 점장과 대면했습니다.

오링 씨는 점장에게 열정적인 감성 프레젠테이션을 펼쳤고, 감성적 점장은 오링 씨에게 같이 일하자고 제안했습니다.

이때 오링 씨가 "규슈에서 올라와 카페 하나에만 의지해 사는 것은 금전적으로도, 네트워크 형성에도 좋지 않을 것 같아서 전 직장과 관련된 파견직을 찾아볼까 해요"라는 말을 슬쩍 꺼냈더니 점장이 바로 "그러지 말아요. 하기 싫은 일은 그만합시다"라고 답했다더군요. 오링 씨는 여기서 점장의 굳은 심지를 느꼈다고 합니다.

그로부터 3일 후인 2월 11일 일요일에 두 사람은 마치 모델

하우스를 공개하듯 '초라한 출장 카페'를 열었습니다. 제가 운영하는 바의 점심 영업의 형식으로 말이죠. 그동안 저희 바가 점심영업에 그리 적극적이지 않았음에도 불구하고, 이 초라한 출장 카페는 아주 반응이 좋았습니다. 저는 다진 고기 카레, 치즈 케이크, 커피를 맛봤는데 음식과 음료의 맛은 전혀 초라하지 않았습니다. 의외로 손님들이 이 메뉴를 맛보기 위해 찾아올 만한 수준이었죠.

창업 스토리를 트위터로 보고 있던 바의 단골들이 하나둘 모여들어 가게는 만석이 되었습니다. 약 다섯 시간의 영업으로 충분하고도 남을 만큼의 매상을 올렸죠. 제가 운영하는 바와 오픈하게될 초라한 카페의 위치는 지리적으로 3킬로미터 정도밖에 떨어져 있지 않아서 걷기는 조금 벅차도, 자전거를 타면 얼마든지 갈 수 있는 거리입니다. 그러니 바의 단골 중 몇 명은 초기에 그 가게를 찾아줄 것입니다. "됐다, 문제없겠어." 저는 분위기를 보러 온 카이류 기무라 씨와 함께 고개를 끄덕였습니다.

어느 가게나 마찬가지지만 고정적인 손님이 생길 때까지의 몇 개월이 운영하기 제일 힘든 시기입니다. 앞에서도 말했듯, 저희 리사이클 숍은 어중간하게 사람들이 드나들 수 있는 공간을 마련하고, 동네 사람들에게 웃는 얼굴로 인사해서 지역 사회에 녹아들고, 사람들의 왕래가 있는 장소를 만들어 오가는 사람들에게 일을 의뢰받거나 말거나 하면서 자리를 잡았습니다.

초라한 카페의 경우, 이미 창업 스토리에 공감한 팬들이 꽤 많이 생긴 상태입니다. 이것이 초기 영업을 지탱해주겠죠. 게다가 내놓는 메뉴마저 훌륭합니다. 감성적 점장과 오링 씨는 선남선녀인 데다가 거창한 화술을 지닌 인물은 아니지만 붙임성 있는 산뜻한 이미지의 사람들이고, 마음 편한 공간을 꾸릴 줄도 압니다. 자연스럽게 동네 사람들이 모여들 테고, 당연히 머지않아 궤도에 오르겠죠.

초라한 출장 카페가 그야말로 '대박'이 났기 때문에 1주일 후인 2월 17일, 토요일에 곧바로 두 번째 출장 카페를 열기로 했습니다. 오링 씨가 18일에 잠시 본가인 규슈에 돌아가야 했기 때문에 17일이 데드라인이었죠. 이번에도 결과는 대성공. 처음으로 찾아와준 손님도 많았지만 2주 연속으로 와준 손님도 있었습니다. 정식 가게를 오픈하기도 전에 단골이 생긴 셈입니다.

초라하게 시작해도
괜찮다는 것,
살아갈 수 있다는 것을
보여주고 싶다

오픈 예정일이 2주도 채 남지 않았습니다. 초라한 카페는 음식점 업종이라 보건소 등의 기관에 등록을 해야 했습니다. 오링 씨가 규슈에 가 있는 동안 감성적 점장이 고군분투했죠.

2월 21일, 도면과 서류를 작성해 보건소에 영업허가 신청을 냈습니다. 이 서류에 정식 상호명을 '초라한 카페'라고 기입했더니 보건소의 담당자가 진짜 이 이름으로 괜찮겠냐며 웃음을 터뜨렸습니다. 여러분 중에서도 그저 별칭이겠거니 생각한 분들이 많겠지만 초라한 카페는 엄연한 정식 상호입니다.

사실 저도 다른 이름을 생각해보는 것이 좋지 않겠냐고 제안해봤는데, 감성적 점장은 '초라한'이라는 말에 '평범한 것들을 평범하게 해내지 못한다, 여러모로 어중간하다, 무슨 일을 해도 지속하지 못한다'는 의미를 담아 초라하게 살아도 괜찮다는 것, 살아갈 수 있다는 것을 보여주고 싶다고 했습니다. 그래서 일부러 그 이름을 택했다고요. 역시 점장이 감성적이다 보니 가게 이름이 조금 '초라'해도 그 뜻만큼은 '감성적'입니다.

22일, 오픈 일주일 전. 감성적 점장이 식품위생 책임자로서의 자격을 취득했습니다. 이것으로 요리와 음료를 판매할 수 있게 되었죠. 24일, 점장의 어머니로부터 식기와 커피머신, 타월 등의 필수품이 대량으로 도착했습니다.

부모님으로부터 지원을 받을 수 있다는 것은 초라한 창업에 있어 아주 큰 강점입니다. 돈을 빌리자는 뜻이 아닙니다. 대개의 부모님들은 집 안 곳곳에 쓰지 않는 물건들을 잔뜩 쌓아두고 있어서 어려울 때 물품 지원을 받을 수가 있습니다. 가게를 빌릴 때 보증인이 되어달라고 부탁할 수도 있죠.

다만 그러려면 당연히 부모님이 창업을 응원해줘야 합니다. 이해심이 남다르지 않은 이상, 대학 졸업 후 취직 대신 창업을 하겠다는 자녀를 말리는 부모가 대부분이기 때문에 나름대로 설득의 근거가 필요합니다.

감성적 점장은 돈을 빌린 적이 없고 앞으로도 빚을 질 계획은 없다는 것, 고정지출비가 많지 않다는 것, 어느 정도의 저금이 있다는 것, 지금으로서는 이 일을 할 때가 가장 행복하다는 것 등을 어필해 설득에 성공했다는데, 역시나 약간의 다툼은 있었다고 합니다. 그래도 최종적으로는 부모님이 이해하고 응원해주셨다고 하더군요. 이 점이 아주 큰 힘이 되었죠. 초라한 카페 대망의 첫 손님은 점장님의 어머니였습니다.

죽지 않고
살아 있길
잘했다!

25일, 감성적 점장이 트위터에 공개한 위시리스트 중 많은 물건이 도착했습니다.

아마존의 '위시리스트'와 친구들끼리 소규모로 크라우드 펀딩을 할 수 있는 'polca'라는 서비스는 초라한 창업을 도와주는 아주 귀중한 보물입니다.

쉽게 말해 사람들의 응원을 눈에 보이는 결과로 만들어주는 서비스니까요. 초라한 카페는 응원해주는 사람이 많았기 때문에 오픈 단계에서 위시리스트를 통해 설비와 매입의 상당 부분을 조달했다고 합니다. 가게에 들여놓은 작은 소파, 미니 테이블, 두 명이 휴식을 취할 수 있는 주방 의자 등도 이를 통해 마련했습니다. 돈으로 환산하면 꽤 큰 금액을 지원받은 셈입니다. 이 모두가 감성적 점장과 오링 씨를 응원하는 사람들의 따뜻한 마음이 모인 결과입니다. 초라한 창업에서 사람들과 좋은 관계를 맺고, 호감을 얻는 것이 얼마나 중요한지 알 수 있는 지점이죠.

26일, 냉장고 등의 시설이 들어오자 필요한 물건이 거의 세팅되었습니다. 27일, 보건소에서 현장 검사를 나와 공식적으로 영업을 허가했고, 드디어 오픈 준비가 끝났습니다. 28일, 오링 씨가 도쿄로 돌아오면서 인력이 모두 갖춰졌고, 3월 1일, 고대하던 오픈 일을 맞이하게 되었습니다.

1월 15일에 "누구든 100만 엔만 주세요!"라고 말하던 청년이 3월 1일, 한 가게의 주인이 되어 카운터 앞에 서 있는 모습은 감동적이었습니다. 가게에는 개업 축하 화환이 연이어 도착했고, 많은 손님이 찾아와주었습니다.

첫 영업이라는 큰 산을 넘은 후, 감성적 점장과 오링 씨는 이구동성으로 이런 감상을 남겼습니다. "죽지 않고 살아있길 잘했다." 신기하게도 오픈 다음 날인 2일은 오링 씨의 생일이었습니다. 이후 그녀는 블로그에 이런 글을 남겼습니다.

1년 전의 나에게 말해주고 싶다. 그 좁디좁은 공간에 필사적으로 매달리지 않아도 살아갈 수 있다고. 미래에 대한 보장은 아무것도 없지만 어떻게든 사람들과 이어져 있으면 어떻게든 살아갈 수 있게 된다고. 앞으로의 일은 알 수 없지만, 이렇게 살아가는 방법도 있다는 것을 알게 되어 정말 다행이다.

이후에도 자리가 없어 손님들이 서 있거나 음식과 음료가 떨어져 일찍 문을 닫는 날이 생기는 등, 장사는 대성황이었습니다. 3월 8일에 공개된 지방 밀착형 경제 뉴스 사이트 〈나카노 경제 신문〉의 특집 기사가 야후! 뉴스에 실리는 등 초라한 카페의 시작은 확실한 대성공이었습니다.

주목할 만한 점은 개업한 지 한 달도 지나지 않아 저희 바의 단골이 아닌 일반 손님이 40퍼센트 가까이 되었다는 사실입니다.

처음에는 바의 손님들이 큰 도움을 주었지만 금세 지역에 녹아들어 이른바 '진정한 손님'을 확보한 것입니다. 물론 이것은 저의 독특하고도 초라한 운영방식만으로 이뤄낸 것이 아닙니다. 감성적 점장과 오링 씨의 인성과 노력 덕분이었습니다.

초라한 카페는 이렇게 시작해 조금씩 영업 스타일을 바꿔나갔고, 얼마 전에는 무사히 오픈 반년을 맞이해 성대한 파티를 열었습니다.

그리고 2018년 11월 1일, 감성적 점장과 오링 씨는 트위터를 통해 두 사람이 결혼했음을 발표했습니다. 2017년 11월 1일, 감성적 점장은 취업에 대한 고민을 하고 있었고, 오링 씨는 두 번 다시 괴로운 경험을 하고 싶지 않다며 규슈에서 요양을 하고 있었습니다. 즉, 1년 전에는 서로의 존재조차 모르고 있던 두 사람입니다. 그때의 두 사람은 1년 뒤에 가게를 시작해 그곳에서 살아가는 의미를 찾고, 반려자까지 만나게 될 줄은 상상조차 못했을 것입니다.

너무 힘이 들어 살아갈 의미를 찾지 못하는 분들.

1년 후 당신의 모습이 어떨지 당신은 물론, 아무도 알 수 없습니다. 부디 자신의 인생을 내던지고 포기하는 일만큼은 하지 말아주세요.

'초라해도 괜찮다. 내가 할 수 있는 일을, 하고 싶은 대로 해보자.' 많은 이들이 초라한 카페의 이런 생각에 동조해준 덕분에 오늘도 가게는 번창하고 있습니다.

초라한 카페 오픈 전후로 여러 지역에서 바의 체인점을 내고 싶다, 똑같은 시스템의 바를 만들고 싶다는 요청이 줄을 이었습니다. 실제로 가게의 간판을 맡겨도 되겠다고 판단한 사람에게는 지점을 부탁하기도 했습니다. 현재 북쪽으로는 삿포로, 남쪽으로는 후쿠오카까지 지점이 확산되었습니다.

역마다 지점을 내는 맥도날드 같은 타입의 사업이 아니기 때문에 앞으로 계속 이렇게 체인점을 늘려갈 생각은 없지만, 여러 지역에서 각자가 소화 가능한 범위 내에서 운영을 해주고 있으니 '초라한 총괄자'로서 기쁜 일이 아닐 수 없습니다.

부록. 　　　　　　　　　　　　　　대담

pha

1978년, 오사카에서 태어났다. 만으로 스물네 살에 교토대학 종합인간학부를 졸업하고 스물다섯 살에 취직했다. 재학 중에는 교토대학 쿠마노 기숙사에 거주했다. 최대한 일을 하고 싶지 않아서 직장 내 니트족(일하지 않고 일할 의지도 없는 청년 무직자를 뜻하는 신조어. Not in Education, Employment or Training의 줄임말)이 되었지만, 스물여덟 살에 인터넷과 프로그래밍의 세계를 만나 충격을 받고 회사를 그만뒀다. 그 후로는 매일 비실거리며 살았다. 셰어하우스인 '긱 하우스 프로젝트'의 발기인으로, 대표 저서로는 《빈둥빈둥 당당하게 니트족으로 사는 법》, 《지금 여기 다른 삶》, 《하지 않을 일 리스트》 등이 있다. 대단한 점장이 오픈 한 바의 제1호 손님이었다. 트위터 계정은 @pha.

샤킨다마

1985년생. ADHD(주의력결핍 과잉행동장애)를 겪고 있다. 어린 시절부터 사회에 적응을 하지 못해, 등교 거부로 인한 낙제 직전까지 가기를 여러 번, 힘들게 고등 학교를 졸업했다. 우여곡절 끝에 와세다대학교를 졸업하고 버젓한 금융기관에 취 직했다. 하지만 일을 제대로 하지 못해 도망쳐버렸고, 역전 한 방을 노리며 창업을 했다. 한때는 승승장구했지만 상승세를 탈 때만큼이나 빠른 속도로 추락해 큰 실 패를 맛봤다. 그 후, 우울의 밑바닥을 허우적거리다가 1년이라는 시간을 들여 빠 져나왔고 현재는 비정규 부동산 영업을 하며 작가로도 활동하고 있다. 저서《발달 장애인인 나를 먹고살아갈 수 있게 만들어준 놀라운 업무 기술》로 주목을 받았다. 트위터 계정은 @syakkin_dama

돈에 집착하지
않는 삶

'니트족으로 사는 법'에서
'초라한 창업'으로 흘러드는 젊은이

대단한 점장   pha 씨가 《빈둥빈둥 당당하게 니트족으로 사는 법》
에 쓴 "니트족이라도, 무직이라도, 히키코모리라도,
회사를 그만둬도, 일을 안 해도, 행복하게 살 수 있
다"는 말이 많은 사람들에게 영향을 줬죠. 사실 지
금 저희 바나, 그 주변에는 pha 씨의 책을 읽은 분
들이 종종 오는데, 샷킹다마 씨(204페이지 참조)가
이런 말을 했어요. 그 책을 읽고 "회사 그만두면 되
잖아!"라는 이야기에 감화되어 회사를 그만두긴 했
는데 앞으로 뭘 어떡해야 할지 모르는 사람들이 '초
라한 창업'으로 흘러들어오는 것 같다고. pha 씨도

적극적으로 그런 사람들을 제 쪽으로 흘려보내 주고 있다고요. (웃음)

pha 점장님한테 흘려보내는 것은 그런 사람을 만나도 저는 직접적으로 해주고 싶은 말이 딱히 없기 때문이에요. 개인적으로 조교 역할 같은 걸 그리 즐기지 않는데, 점장님은 조교처럼 사람들을 이끄는 걸 좋아하는 것 같아서요. 저는 몰려드는 사람을 일일이 상대하는 게 귀찮지만 점장님은 딱히 힘들어하지 않아 보여요.

대단한 점장 사람들이 주변에 모여드는 걸 별로 좋아하지 않으시나 봐요?

pha 물론 관심 있는 사람은 부르고 싶지만, 관심 없는 사람까지 부를 생각은 없어요. 상당히 사람을 가려요. 소수정예 같은 느낌으로. 사람을 가리는 건 좋은 점이기도 하고, 나쁜 점이기도 한데, 솔직히 점장님처럼 많은 사람을 향해 열린 가게를 운영하는 건 정말 대단하다고 생각해요.

대단한 점장	저도 사람을 가리고 싶을 때가 있어요. 하지만 가게라는 형태의 특성상 이용료 500엔과 음료값 300엔처럼 최소한의 비용만 지불하는 손님이라도 저에게는 고마운 존재입니다. 그 자리에 '존재'해주는 것만으로도요.

가게와 셰어하우스의
다른 점은 무엇인가?

대단한 점장	저도, pha 씨도 커뮤니티 운영자라는 공통점이 있는데요. pha 씨가 운영하는 셰어하우스와 제가 운영하는 가게에는 차이가 있어 보여요.
pha	그렇죠. 가게는 셰어하우스와는 달리 많은 이들에게 열려 있고, 누구든지 들어올 수 있으니까요. 돈만 내면 누구나 있을 수 있죠. 저는 그 점이 좋다고 생각해요. 하지만 저는 많은 사람이 찾아오는 것을 좋아하지 않는 성격인 데다가 장사와 관련된 계산도 서투니까 엄두를 내지 못해요. 그리고 주변에 마땅한 사람도 없으니 그냥 지금과 같은 방식으로 하는 거죠.

대단한 점장 사실 저도 지금의 상태를 넘어 수익을 올리는 일에는 딱히 관심이 없어요. 다만 '비즈니스가 성공적으로 이루어진다'는, 경제학적으로 성립되는 메커니즘이 재미있어요. 어떻게 하면 이 사업을 지속가능한 형태로 만들지를 궁리하는 게 제일 즐거워요.

pha 점장님은 셰어하우스를 선택하지 않은 특별한 이유가 있나요?

대단한 점장 셰어하우스는 '누군가가 외부에서 벌어온 돈을 월세로 지불해 유지하는 방식'이잖아요. 사실 저도 예전에 셰어하우스를 운영했던 적이 있는데 어떤 한계 같은 것을 느꼈어요. 결정권을 갖고 최종적 리더 역할을 하는 명확한 존재 없이 '모두 평등'하다는 형식으로 운영하다 보니 결국 목소리 큰 사람의 의견만 반영되는 거예요. 전혀 평등하지 못한 거죠. 조용한 사람의 의견은 무시당하니까 그게 부담이 되고 불만으로 쌓이더라고요.

pha 아~.

대단한 점장	'혼자서 집을 빌릴 돈은 없으니 셰어하우스에 들어가서 아르바이트로 월세를 벌자'는 생각으로 셰어하우스에서 살려고 하는 걸 텐데요. 처음에는 일하는 시간 외에는 집에서 뒹굴뒹굴하면서 '다 같이 노니까 즐겁다'고 생각했다가 언제부턴가는 '나는 피곤해 죽겠는데 아래층에서는 파티다 뭐다 시끄럽네' 하는 마음이 드는 거죠.
pha	있을 법한 일들이죠.
대단한 점장	그런 양가감정이 생겨요. 결국 특수한 사람들만 남고 돈만 모으면 집을 구해 나가는 형태가 되죠.
pha	기본적으로 다들 돈이 없으니까요. 결과적으로는 어느 정도 돈이 있는 사람이 초반에 주장 역할을 하고 그 사람을 중심으로 모여야 안정되는 형태가 되는 것 같아요.
대단한 점장	돈 있는 사람이 그런 역할을 맡는 경우가 많긴 하죠. 요즘에는 '베이직 인컴 하우스(basic income house)'라는 이름으로 부자 한 명이 돈을 다 출자를 하는 시

스템도 있어요. 그것도 안정적인 하나의 형태이기는 하지만, 그래도 경제적인 측면에서 밑지는 장사를 계속할 수는 없잖아요. 돈 많은 출자자의 입장에서도 어떤 형태로든 이익을 취해야겠다는 마음이 생길 거예요.

pha 제가 운영하는 여기 '긱 하우스'도 적자긴 하지만 전 계속하고 싶어요.

대단한 점장 셰어하우스가 커뮤니티로서의 한계를 가졌다고 생각해서 가게로 바꾼 것도 있어요. 그 장소에 있는 것만으로 돈을 벌 수 있는 가게라면 커뮤니티의 폭이 넓어지지 않을까 해서요. 셰어하우스는 닫힌 공간인 만큼 이상한 논리로 흘러가기 쉽고 컬트적으로 변해버리는 부분도 있지 않나 싶어요.

pha 사상보다는 돈을 중심으로 모이는 편이 깔끔하다는 걸까요.

대단한 점장 사상 중심이라는 건, 결국 사람을 중심으로 모인다는 뜻인데 그 사람이 이상하면 집단 전체가 이상해지는 듯한 느낌이 들어요.

주5일 출근하지 않아도
할 수 있는 일은 많다

pha 저는 반대로, 가게는 절대 못 할 것 같아요. 한 시간 동안 같은 장소를 지키는 것도 저한테는 너무 힘들어요. 하지만 계속 앉아 있는 걸 좋아하는 사람도 적지 않죠.

대단한 점장 리사이클 숍을 운영할 때 생각했어요. 한가한 이웃들이 모이는 아지트 같은 공간을 만들어 그곳에서 식사를 제공하면 일종의 '타운'이 형성되지 않을까 하고. 최소한의 예의를 지켜 상냥한 말투로 대화할 수 있는 그런 공간이요. 서로에게 특별히 불쾌감만 주지 않는다면 그것만으로 충분히 가치가 있다고 봐요.
언뜻 누구나 당연히 할 수 있는 일처럼 보일지 모르지만 사실은 그렇지 않아요. 누군가에게는 '지극히 보통인' 일이 누군가에게는 '전혀 보통이 아닌 것'일 수 있으니까요.

가게의 형태가 확장되면 될수록, 그 사람이 할 수 있는 일과 힘들어하지 않는 일 중에서 가치가 있다고 생각되는 부분이 최대공약수로 드러나는 것 같아요. 일을 한다는 건 사회에 가치를 부여하는 일이고, 그중에서도 스스로 마음 편하게 할 수 있는 일을 해나가고 싶었어요. 그래서 가게라는 형태가 좋겠다고 생각했죠.

pha   주5일 출근하지 않아도 가능한 일들은 얼마든지 있으니까요.

대단한 점장   pha 씨처럼 특수한 케이스가 아니더라도, 마음만 있으면 누구라도 미니멀하게 재현할 수 있어요.

pha   그런 리얼한 공간을 잔뜩 만들어내고 있는 것이 점장님의 초라한 가게죠.

대단한 점장   꼭 리얼한 공간이 아니어도, 가령 글을 쓰고 싶은 사람들이 잔뜩 있을 때 하나의 큐레이션 사이트를 만들고 그 사이트에 가치가 생기면 '초라한 사업'이 되는 거죠. 외부로부터 1만 엔짜리 일거리를 따오는 것만이 일은 아니니까요.

'하면서 괴롭지 않은 일'과 '그 일의 사회적 가치' 사이에 긍정적인 의미의 괴리가 생길 때도 있고, 반대의 현상이 일어나기도 하죠. 편한 일을 하며 돈을 벌 수 있다면 확실히 그게 좋은 거예요.

pha   저도 그렇게 생각하며 사는 것 같아요. 지금은 우연찮게 잘 들어맞은 거고요.

대단한 점장   만약 지금이라도 pha 씨가 가게를 한다면 어떤 가게가 좋겠어요?

pha   방치해둘 수 있는, 제가 계속 붙어 있지 않아도 사람들이 알아서 찾아와 적당히 시간을 때우다 돌아갈 수 있는 그런 가게? 저는 있어도 없어도 그만인 곳이요.

대단한 점장   요즘 그런 스타일이 유행이잖아요. 보드게임이 구비된 공동작업실 같은 곳이요. '인플루언서 마케팅'이란 표현을 많이들 쓰는데, 팔로워가 많은 사람이 가게를 만들어 트위터로 홍보를 하는 것이 아니라 트위터 속 스페이스, 커뮤니티를 리얼한 공간으로 옮겨놓는 개념인 거죠. 이런 경우 월세나 수익 같은 것을 신경 쓰지 않아도 될 정도로 일이 잘 풀리기도 해요.

pha   집이면서 가끔 한 부분만 가게로 쓰는 정도가 딱 좋은 것 같아요. 그런 방식이라면 못할 것도 없다는 생각이 드네요.

대단한 점장   원할 때만 가끔 나가면 돼요. 그러면 외부와의 통로가 열리는 거니까요.

pha   제 주변에는 그런 가게에 대한 노하우가 있는 사람이 전혀 없는데요.

대단한 점장   사양 말고 저를 이용해주세요. (웃음)

얽매이지 않는 삶에서의 '변화'란?

대단한 점장   트위터로 질문이 왔는데요, '두 분은 생활과 일, 사회 등에 있어서 변화를 원하는지, 원하지 않는지 알고 싶어요'라고요. 어떠세요?

pha 저는 싫증을 잘 내는 편이라 변화를 바라는 쪽이기는 해요. 같은 일이 반복되면 질리기도 하고 저 같은 인간은 안정된 상태보다는 불안정한 상황에서 더 잘 살기도 하고요.

대단한 점장 그렇군요. 저는 지금 상황에 어느 정도 만족하고 있는 편이에요. 집에 돌아가서 아내와 아이를 보면 '아, 좋다' 싶은 느낌이 들고, 괴로운 일은 최대한 하지 않으면서 맛있는 음식도 적당히 먹으며 살고 있으니까요. 가능하면 이대로 변치 않았으면 좋겠다고 생각하지만, 결과적으로 조금씩 변하고는 있죠. 계속 변화하지 않으면 안 된다 싶기도 하고요.

pha 확실히 그런 면은 있는 것 같아요.

대단한 점장 발신자라고나 할까, 미디어를 이용하는 개인 언론은 새로운 일을 하지 않으면 얼마 지나지 않아 '언팔' 당하기도 하니까요.

pha	일단 저부터가 질려요. 일 년 동안 똑같이 살면 질리기 마련이죠.
대단한 점장	저는 거기에 전혀 공감을 못 하는 '정착 선호파'거든요. 그래서 가게가 적성에 맞는 것 같아요. 같은 공간에 계속 있어도 전혀 질리지 않는다고나 할까요. 오히려 옮겨 다니기가 싫어요. 무엇보다 이사가 너무 싫어요. (웃음) 스트레스를 엄청 받거든요. 이사를 가려면 앞뒤로 한 달은 그 생각밖에 못 하거든요. pha 씨는 그런 일 귀찮지 않으세요?
pha	오히려 두근두근해요. 아무 일도 없으면 더 괴로워요. 가정을 꾸리는 것도 그렇고, 뭔가에 내가 고정되어 있는 느낌이 너무 불편해요. 아마 6개월이면 질릴 거예요.
대단한 점장	의외로 제가 더 보수적인 것 같아요. 의외도 아닌가. (웃음)
pha	저는 어차피 변화를 맞이한다면 그 최전선에서 지켜보고 싶어요.

대단한 점장   저는 가능하면 직접 관리하면서 의식적으로 움직이는 입장 같아요. 이런 변화가 필요하겠다는 생각이 들면 그대로 일을 진행시키는 거죠. 가게의 경우 원래 오던 사람들이 떠나거나 새로운 사람이 모이거나 하는데, 바람직한 변화일 때는 밀어붙이는 편입니다. 반면 좋지 않은 변화다 싶을 때는 무턱대고 막 아봤자 소용없을 테니 보여주는 방식을 바꾸는 겁니다. 손님이 너무 적어지는 것 같으면 사람들을 찾아오게 하는 방법을 생각하거나 판매 방식을 고민하는 거죠. 내가 주체가 돼서 움직임을 일으키는 스타일 같아요.

pha   저는 거기에 누군가 실무자를 보내서 지켜보고 싶은 쪽 같아요.

대단한 점장   한마디로, pha 씨는 재미있는 엔터테인먼트로서 변화를 지켜보고 싶어 하는 사람이고, 저는 최대한 현상 유지를 하고 싶은 입장에서 상황을 관찰하며 거기에 필요한 변화를 일으키고 싶어 하는 타입이군요. 이렇게 보니 스타일이 꽤 다르네요.

pha 저는 항상 나른하게 늘어져 있으니까 '어디 재미있는 일 없나' 싶은 거죠.

대단한 점장 그렇군요. 완전히 다르네요. 저는 할 일이 아무것도 없다는 게 너무 행복하거든요. '아, 오늘 딱히 해야 할 일이 없네. 신난다!'

pha 꼭 해야 할 일이 있는 것보다는 없는 편이 낫기는 한데, 그건 그거대로 또 지루하니까. '아무것도 하기 싫다, 그래서 말인데 뭐 재미있는 일 없을까?' 하고 생각하는 거죠.

대단한 점장 그래서 '지켜보고 싶은 거'군요. 그렇구나. 이거 꽤 흥미로운 대답이네요. 저는 웬만하면 변하지 않는 것이 좋다고 생각하니까 일상을 즐기면서 최대한 그 상태를 유지하는 방향으로 움직이고 싶지만, 어쩔 수 없는 변화도 있으니 그럴 경우엔 스스로 제어하려는 면이 있어요.

다양성으로부터
일어나는 일들

대단한 점장   저도, pha 씨도 형태가 다를 뿐, 다양성 있는 인재의
집합소를 운영하고 있는데 그 다양성으로 인해 생
겨나는 문제에는 어떻게 대처하고 계신가요?

pha   저는 사람이 많이 모이면 어떻게든 된다는 생각이
좀 있는 것 같아요. 소수보다 많은 인원이 있을 때가
개개인의 문제가 덜 도드라지는 느낌이라고 할까
요? 내가 직접 상대하지 못해도 다른 사람이 대응할
수 있으니까. 일단은 사람을 많이 모아서 모호하게
만드는 방식을 취하는 것 같아요.

대단한 점장   pha 씨의 이야기를 듣고 대단하다고 생각한 적이 있
는데, 셰어하우스에서 문제가 생겼을 때 pha 씨가
나가버리면 두루뭉술하게 해결돼서 어찌어찌 가라
앉는다면서요. 저는 이게 굉장한 '덕'이라고 생각해
요. 덕을 쌓는다고 할 때의 그 덕이요. 보통은 자리
를 피했을 때 더 큰 싸움이 되는 경우를 더 많이 경
험하게 되니까요.

pha 한편으로는 번거로운 일을 다른 사람에게 억지로 떠넘기는 것일 수도 있죠.

대단한 점장 그래도 그건 중요한 지점인 것 같아요. 상징적인 포지션인 거죠. 다양한 거주자들이 있다 보면 가끔 어이없는 문제가 일어나기도 하잖아요.

pha 일어나죠.

대단한 점장 이해할 수 없는 일들이 발생한다는 점이 바로 다양성이죠. '아니, 뭐 이런 일이 생기지?' 싶은 문제들이 끝없이 일어나요.

pha 별별 일들이 다 생기지만 그 문제들의 공통점에 초점을 맞춰보면 결론은 성향이 안 맞는 사람들이 모였을 때 다툼이 일어난다는 거예요.

대단한 점장 맞아요. 그래서 결국 물리적으로 거리를 두죠. 고치거나 교육하려 들면 힘들어져요. 결과적으로 아무도 행복해지지 않는 경우가 대부분이죠. 어른은 교육할 수가 없어요.

pha   셰어하우스에서도 룸메이트로 살면 서로 부딪히지만 각자의 개인실에 따로 살면 괜찮은 사람들이 있어요. 때론 아예 다른 집에서 생활하면 좋아질 때도 있고요. 물리적인 해결이 효과적일 때가 많은 것 같아요.

대단한 점장   다툼이 생기면 물리적으로 떨어뜨린다. 이것이 교훈이네요.

**일하기 싫은 것인지,
적성에 맞지 않는 것인지**

대단한 점장   pha 씨는 학창 시절부터 이런 스타일이었나요?

pha   학창 시절에는 막연히 일하기 싫다고 생각하는 정도였죠.

내단한 점장   역시 이 점도 다르네요. 저는 일이 적성에 맞지 않는다고 생각했었거든요. 딱히 일하기 싫은 건 아니지만 체질적으로 안 맞는 것 같다고.

pha 그런 생각도 있기는 했어요.

대단한 점장 저는 가능하면 치열하게 일하고 싶은 마음이 있기는 했지만, 어차피 못 할 거라는 걸 전제로 '뭔가 하긴 해야 되는데' 하고 생각했던 것 같아요. 저는 할 수 있다면 '상사맨' 같은 게 되고 싶었어요. 적성에만 맞는다면.

pha 저는 그런 생각은 안 했어요. 어릴 때는요? 꿈이 있었어요?

대단한 점장 경찰 관료가 되고 싶었어요.

pha 권력에 대한 동경이 있었나?

대단한 점장 권력이랄까, 생각한 일이 그대로 현실이 되면 즐거울 것 같았어요. 요즘은 직함에 따른 권력에 아무 관심도 없지만요. 회사에서 나오면 그저 힘없는 할아버지일 뿐이잖아요. 지금은 싫은 사람은 안 만나고, 싫은 일은 안 하고 있으니까 어떤 의미로는 동경했던 삶을 살고 있는 거죠.

pha   저는 권력욕은 전혀 없었어요. 오히려 오래전부터 쭉 '사회인은 나한테 무리야, 일하기 싫어'라는 생각을 해왔죠.

'이번 생은 놀이'니까 넘어져도 괜찮다

대단한 점장   도덕적 윤리 규범이랄까, 좋고 싫음과 관계없이 '이런 것이 바람직하다'고 생각하는 개념이 있나요?

pha   저는 편안함을 제일 우선시하는 것 같은데요.

대단한 점장   자신의 편안함?

pha   저도, 사람들도. 최대한 많은 사람들이 편안한 것.

대단한 점장   누구도 짐을 짊어지지 않는 느낌?

pha   맞아요. 정신적으로도 육체적으로도 무리하지 않는 걸 가치관의 중심에 두고 있다고 할까요. 점장님은 어떤가요?

대단한 점장   저는 도덕적, 윤리 규범적 가치관이 꽤 강한 편이에
            요. 종교를 봐도 일신교는 역사가 기니까 신약 성서
            든, 구약 성서든, 코란이든 다양성에 대한 배려가 있
            다고 할까, 도덕 규범 체계가 잘 잡혀 있잖아요. 사
            람을 만나면 인사를 하라든지… 그런 걸 보면 기본
            적으로 자신과 사회에 최소한으로 필요한 요소들이
            적혀 있다는 생각이 들어요. 역사가 있다는 느낌.
            그래도 역시 '이번 생은 그저 놀이'라는 생각이 제일
            큰 것 같아요. 어차피 이번 생은 놀이니까 좀 넘어져
            도 괜찮잖아요. 넘어지든, 안 넘어지든 어차피 죽는
            데 뭐.
            다만 놀이니까 더더욱, 전력을 다하지 않으면 시시
            하다는 생각이 들어요. 어느 쪽을 택하든 결국 죽을
            테고, 선택을 너무 고민해봤자 의미 없으니 어설프
            게라도 해보자. 다만 최선을 다해 놀자. 이런 나름
            의 외부 규범이 있죠.

pha   좋은 말이네요. 이번 생은 놀이다. 저도 꽤 동감해요.

대단한 점장   얼마 전 pha 씨가 트위터에 남긴 '불로불사(不老不死)
            가 아니라는 것이 내 유일한 콤플렉스다'라는 글을

보고 참 재미있다고 생각했는데요.

pha   지금은 그렇지도 않아요. 예전에 한 말 같은데.

대단한 점장   저는 그거, 굉장히 좋은 사고방식 같아요. 문맥상 이런 느낌이잖아요. '명문 교토대 출신인데 니트족으로 사는 것에 콤플렉스는 없나요?', '사람들이 뭐라고 안 하나요?', '주변 사람들은 다들 열심히 일하는데' 같은 말을 하는 사람들한테 '도대체 뭐라는 거야?' 하는 느낌으로 '불로불사가 아니라는 것이 내 유일한 콤플렉스다'라고 말하고 '언젠가는 죽어야 한다니!' 같은 트윗으로 받아친 것 아닌가요? 저는 그게 어떤 느낌인지 너무 잘 알 것 같아요. 지금은 어떻게 생각하세요? 죽고 사는 것에 대해서. '내가 죽더라도 누가 pha의 계정에 그럴싸하게 글을 올려주면 트위터 세상의 pha는 죽지 않는 거다'라는 말도 하셨는데.

pha   음… 콤플렉스라… 이에이리 카즈마(크라우드 펀딩사 CAMPFIRE 대표) 씨랑 대화를 나눌 때 있었던 일인데, 이에이리 씨는 콤플렉스에 대한 얘기를 꽤 많이 하는 편이라 "사람은 누구나 콤플렉스를 원동력으로 움직이고, 그건 아주 의미심장한 일이다"라는 말을 하더라고요.

이에이리 씨 본인은 그럴지도 모르지만, 저는 전혀 와닿지가 않았어요. 죽음에 대해서는… 이제 '뭐, 죽겠지'라고 생각하게 됐어요. 포기하는 느낌이랄까. '계속 살아 있으면 질리긴 할 거야' 하고. 이제 어느덧 중년이 돼서 몸도 약해지니까 점점 '그래 뭐, 죽겠지'라는 생각이 드는 것도 같고.

대단한 점장 그렇군요. 하긴, 실버타운 같은 데서 어르신들을 보면 죽음을 담담하게 받아들이는 분위기가 있는 것 같아요. 그저 때를 기다린다는 느낌으로. 나름대로 미래에 대한 희망이 있다고 하시는 분은 그리 많지 않아 보여요. 사소한 즐거움이 있어도 그냥 '아, 잘 살았구나' 하는 느낌. 저도 아이가 생긴 다음부터는 태어났으니 죽겠구나 하는 마음이 들기 시작하더라고요. 이런 경우가 꽤 있는 모양이에요. 사람이 죽거나 태어나는 걸 보고 죽음에 대한 공포가 엷어지는 사람들.

pha	꽤 있을 거예요, 그런 걸 통해 죽음을 수용해가는 사람들. 점장님은 나이가 어떻게 되죠?
대단한 점장	저는 90년생인데요. 그래서 체력적인 문제 같은 건 아직 없어요.
pha	열두 살 정도 차이가 나는군요.
대단한 점장	딱 띠동갑 정도인가 봐요. 몸이 약해지는 느낌 같은 건 없지만 아이가 태어났으니 체력을 유지하고 건강에 신경 써야겠다는 마음은 생겨요. 지금까지 그런 생각 한 번도 안 해봤는데 말이죠.
pha	아이를 계속 키우려면 건강한 몸을 유지해야 한다는 뜻인가요?
대단한 점장	키우는 것보다는 최대한 오랫동안 지켜보고 싶다는 생각이 큰 것 같아요. 제가 없어도 아이는 알아서 클 테니, 뭘 가르쳐주고 싶다는 생각도 딱히 없거든요.
pha	'지켜보고 싶다'라… 저한테는 그럴 만한 대상이 없

어서인지 그렇게 해야겠다는 생각은 별로 안 드네
요. 죽으면 별수 없지 하는 정도죠. 그래도 아이들
은 정말 재미있는 존재 같아요. 아이들을 좋아해요.

대단한 점장   선택적 싱글 마더(일부러 결혼을 하지 않고 아이를 출
산하는 사람)의 남성 버전 같은 것이 있어도 괜찮겠
네요.
저는 가족에 대해 보수적인 편이지만 수많은 다양
성이 있으니까요. 아이가 태어나기만 하면 어떻게
든 되지 않을까 하는 생각도 있어요. 사실 주변에 굶
어 죽는 아이들은 거의 없잖아요. 시설에 가는 아이
들이 불쌍하다는 사람도 많지만 아동보호 시설도
꽤 잘 갖춰져 있어요. 나라가 운영하는 기관이잖아
요. 때론 개인 가정보다 시스템이 더 잘 갖춰져 있기
도 하더군요.

pha   그런 면이 있죠.

대단한 점장   아내가 임신했을 때 여럿이 같이 쓰는 공립병원 병
동 같은 곳에 있었는데, 어떤 애기 엄마가 계속 소리
를 지르는 거예요. 문병 온 할머니한테도 "왜 이렇

게 늦게 와!"라고 버럭 화를 내고, 밤에 소등 시간이 지났는데도 남자친구인지 누군지와 계속 통화를 하면서 "어떻게든 가져오라고!" 이런 식으로 막 소리치는 사람이었죠. 그런 사람을 보고 있으면 놀라면서도 한편으로는 저런 상황에서도 아이들은 잘 자랄 수 있지 않을까, 하는 생각도 들더라고요. 부족한 부모에게서든, 어디에서든.

아이는
파친코 기계가 아니다

pha   아이의 행복을 바라기 때문이겠지만, 많은 부모들이 큰돈을 들여 아이를 키워야 한다든가, 아이를 더 낳기에는 돈이 부족하다는 생각을 하니까 출산율이 낮아지는 것 아닐까요?

대단한 점장   너무한 일이죠. 아이한테도 미안한 일이고요.

pha   그러니까요. 돈이 얼마나 들지에 대해 계산을 너무 많이 하는 것 같다는 느낌이 들어요. 성인이 될 때까지 몇 억이 필요하다든지.

대단한 점장	몇 억이나 쓸 필요 없는데 말이죠. pha 씨도 공립 초중고를 나와 대학도 국립을 다니셨잖아요. 사교육도 많이 받지 않고.
pha	그렇죠. 잠깐 학원에 다닌 적은 있지만.
대단한 점장	될 사람은 되고, 안 될 사람은 안 되는 건데. 극성 학부모는 정말 피곤한 것 같아요. 부모가 현명하면 아이도 대부분 현명하게 자랄 텐데. 별수 없잖아요.
pha	다들 아이에 대한 기대가 너무 크다고나 할까요? 자신의 꿈을 지나치게 아이에게 주입시키는 건 옳지 않은데 말이죠. 어차피 별개의 인격체잖아요.
대단한 점장	특히 돈을 많이 투자한 사람들이 그렇죠. 돈을 많이 들였으니 그만큼 성과를 내라니 무슨 파친코 기계 같잖아요. 아이를 파친코 기계로 생각하면 안 되죠.
pha	안 터지면 쾅! 하고 기계를 내려치듯이 "왜 못 하는 거야. 쾅!" 하고요.

대단한 점장	파친코 기계니까. 내 특성을 물려받은 파친코 기계니까. 가능한 한 좋은 결과가 나오길 바라는 마음에 필요 이상으로 몰아붙이게 되죠.
pha	뽑기 기계 같기도 하고.
대단한 점장	거의 뽑기 기계죠. 돈 말고 중요한 것들이 많은데 말이죠. 학원비로 얼마를 쓰냐보다는 부모와 매일매일 얼마나 지적인 대화를 나누는가가 더 중요하죠. 똑같은 걸 봐도 사람에 따라 보는 방식이 전혀 다르니까요. '현명하다, 현명하지 못하다. 감성이 있다, 없다'를 논할 때, 역시 아이들이 제일 많이 듣는 건 부모의 대화잖아요. "너는 왜 잭팟이 아닌 거야!"라고 윽박지르는 부모가 있다면 그야 영향을 받을 수밖에 없죠. 그럼에도 불구하고 아이가 잘 커서 어른이 되고 다시 후세로 이어지는 일들이 반복되니 이 또한 다양성이구나 싶어요. '더 무책임하게 마구마구 아이를 만들어라, 그냥 대충 만들어버려!'라는 느낌 같은….
pha	의외로 저도 그렇게 생각하는 쪽이에요. 저는 어려

서부터 부모님이랑 별로 사이가 안 좋았어요. 부모랑 사이는 안 좋아도 스스로 알아서 컸으니까, 아이는 알아서 크기 마련이니 괜찮다고 생각하는 건지도 모르겠어요.

최종적으로는 가정의 네트워크를 만들고 싶다

대단한 점장   저희 가게 주변에는 젊은 사람들이 많고 중학생들도 꽤 오는데요. 역시 아이들이 있다는 것은 중요하구나 생각해요. 확장이 가능해진다고 할까요? 자기 혼자만 나이가 어리면 아무래도 들어가기가 민망한데, 누군가 고등학생이 드나들면 친구들을 데리고 오기도 하거든요.

pha   그렇겠네요.

대단한 점장   아라이야쿠시에 있는 초라한 카페의 직원(오링 씨, 150페이지 참조)이 상경을 위해 부모님을 설득할 때 제가 아이를 안고 있는 사진을 보여줬더니 부모님이 굉장히 좋게 보셨대요.

pha	아이가 있으면 사회적으로 신뢰를 얻죠. 사람들에게 잘 통하고요.

대단한 점장 적어도 아이는 건사할 수 있구나 하는 안심 같아요. 경제적으로나, 정신적으로나. 실제로 경제적 여유는 별 상관없다고 생각하지만, 여러 의미로 여유가 있어서 아이도 키울 수 있다는 느낌이랄까요.

pha 점장님 주변은 적극적으로 결혼해서 아이를 가지려는 분위기인가 봐요.

대단한 점장 전체적으로 그런 것 같아요. 지금은 가게를 운영하지만, 최종적으로는 '가정 연합' 같은 가정 간의 네트워크 시스템을 갖춰야 할 것 같아요.

pha 좋을 것 같네요. 탁아소 대신 서로 돌봐주는 방식으로요.

대단한 점장 생산 수단을 갖춘다면 더없이 좋겠죠. 넓은 집 한 채에 세어하우스처럼 같이 살면 그것도 나름의 거점이 되니 좋긴 하겠지만. 세어하우스 개념이 아니

라 근처에 저렴한 아파트를 구해서 거기서 다들 우
르르 모여 살면서 왔다 갔다 하는 것도 괜찮지 않을
까요?

pha   옛날의 공무원 주택과 비슷한 느낌인가요?

대단한 점장   그런 느낌이겠죠. 다만 사이가 안 좋은 사람은 어설
프게 마주치지 않을 수 있는 형태라면 더욱 좋겠어
요. 가까이에 살더라도 불편한 사람은 부딪히지 않
는 분위기가 형성되면 좋지 않을까 싶어요.

pha   지역 커뮤니티 만들기도 많이 하잖아요.

대단한 점장   이동하는 걸 힘들어하고, 같은 곳에 계속 머물러도
지겨워하지 않는 저의 특성을 잘 살려서 마을 공동
체를 만들어보는 거죠. 사실 아이가 있으면 옮겨 다
니기도 힘드니까요.

pha   저도 근처에 살면 슬쩍 참여해볼 마음이 있긴 해요.
멀어서 귀찮을 뿐이지.

대단한 점장	긱 하우스 주변도 하나의 지역이라면 지역이죠.
pha	이 주변에 만들자, 집을 몇 채 늘려보자 하는 식으로 만들어볼 수 있단 말이죠. 누가 아이를 낳으면 좋을 텐데.

**'100만 엔이 있다면
어디에 쓰겠습니까?'**

대단한 점장	트위터로 '100만 엔을 다 써야 한다면 어디에 쓰겠습니까?' 하는 질문이 왔는데요. pha 씨는 돈이 있다면 뭘 하시겠어요?
pha	아, 쓸 데가 없는데.
대단한 점장	저도 없어요. (웃음) 50만 엔은 새롭게 가게를 열고 싶어 하는 사람한테 줄 것 같아요. 어디 재미있게 쓰는 방법 없을까요? 무조건 써야 한다면 어떻게 하실래요?
pha	음, 호화 여행이라도 할까.

대단한 점장	어디에 쓰시게요?
pha	하룻밤 10만 엔 정도 하는 호텔에서 자볼까요? 그런데서 묵어본 경험은 없지만. 근데 별로 즐겁지 않을 것 같아요. 어떡하죠? 즐겁지 않으면 아무 의미도 없는데. (웃음)
대단한 점장	돈 쓰는 것도 은근히 스트레스 받아요.
pha	역시 다른 사람한테 주는 게 재미있으려나?
대단한 점장	저도 그러지 않을까요? 필요한 사람들 중에 재미있어 보이는 사람한테 주는 것이 제일 나을 듯하네요.
pha	아, 집을 얻고 싶은 마음은 있어요. 아무거나 적당한 집, 공간. 용도를 불문하고 일단 빌려서 다른 사람을 살게 하거나 적당히 쓰는 거죠. 공간이 생기면 일단 뭔가 시작했다는 기분이 드니까.
대단한 점장	유지하기 힘들지 않나요?

pha   힘들지만 100만 엔이면 반년은 버티겠죠. 잘 안 되면 그다음에 그만두면 되잖아요. 내 돈 쓰는 거면 본전을 찾지 못할 일은 하기 싫지만 남의 돈이면 대충 집이나 공간을 늘릴래요. 점장님은 가게를 늘리시려나요?

대단한 점장   사실 요즘에는 딱히 제가 공간을 빌릴 필요도 없다는 생각이 들어요. 그냥 누가 근처에 와서 하고 싶다고 하면 제가 한번 해보라고 용기를 북돋아주고, 그 사람이 알아서 돈을 준비해서 공간을 빌리고 수익을 내는 흐름인 것 같아요.

돈을 벌든 못 벌든 저는 그냥 지켜보는 거예요. 돈도 대주지 않고, 간섭도 하지 않고. 그저 지켜보고 있는 동안 여러 장소가 생겨나요. 지방에도 가게가 생기고, 셰어하우스도 잔뜩 생기고. 그런 걸 보고 있으면 굳이 내가 돈이 있을 필요가 없다는 생각이 들죠. 혹시 필요해지면 그때 필요한 곳으로 돈을 돌리면 그만이니까요. 큰 액수일 필요도 없어요. 수십만 엔 정도? 여유 자금이 있는 사장한테 '괜찮으시면 투자 좀 하시죠' 하고 제안해서 누군가 승낙하면 공간이 생기는 거죠.

pha   돈 많은 사람을 연결해주면 제일 쉽겠죠. 돈을 대는 사람 중에는 특별히 돈 쓸 데가 없는 사람도 많으니까요. 그런 사람들을 끌어내자고요.

돈을 버는 것은
'하이 스코어'일 뿐이다

pha   저는 숫자를 따지는 일에는 별로 재능이 없다고 할까, 따지는 것 자체를 싫어하는데요, (웃음) 점장님은 비즈니스적인 계산 같은 것 좋아하시죠? 이것도 큰 차이 같아요.

대단한 점장   네. 저는 계산하는 거 좋아해요.

pha   저랑은 안 맞아요. 그런 건 점장님이 대신 생각해줬으면 좋겠어요.

대단한 점장   역시 사람마다 적성에 맞는 일과 맞지 않는 일이 있더라고요. 가게 운영 같은 건 아무나 할 수 있다고 생각했는데 실제로는 이런저런 자잘한 능력들이 꽤 많이 필요했어요. 숫자 계산 능력이나, pha 씨처럼 커뮤니티를 장악하는 능력이 요구되기도 하고. 꽤 복합적인 요소들을 필요로 하더군요.

pha 이런저런 계산을 좋아하고 싫어하는 것도 천성인가 싶어요. 적성의 문제도 있고요. 저도 열심히 하면 할 수야 있겠지만 그럴 마음이 안 생겨요.

대단한 점장 그렇군요. 역시 잘하느냐 아니냐보다 좋아하느냐 아니냐가 더 중요한 것 같아요. 어떤 일에 아무리 대단한 재능이 있더라도 싫어하면 하기 힘들잖아요. 잘하는 일이 좋아하는 일이기까지 하면 최고겠지만, 그저 좋아하기만 하는 일이라도 괜찮을 것 같아요. 시급이 아주 적어서, 한 300엔만 벌어도 할 수 있지 않을까요? 이 책에도 썼던 '보람 착취'의 개념이죠.

pha 점장님 이야기를 들으면서 생각했는데요, 역시 저는 돈을 벌겠다는 마음은 전혀 없고, 그저 커뮤니티를 넓혀가고 싶어요. 넓혀가는 데 특별한 목적이 있는 건 아니지만 제가 할 수 있는 일은 그 정도인 것 같아요.

대단한 점장	저는 마침 한가하겠다, 통장의 숫자나 늘려볼까 하는 마음은 있어요.
pha	통장의 숫자를 늘리는 것 자체가 목적은 아니겠죠.
대단한 점장	맞아요. 딱히 그걸 목적으로 하는 건 아니에요. 제 계획대로 진행이 돼서 그 결과 돈을 벌었다는 사실이 기쁜 거죠. 하루 10만 엔의 수익이 난 날에는 '아싸!' 하는 마음이 들지만, 그 10만 엔이라는 숫자에 별 의미는 없다고나 할까요? 그냥 '하이 스코어'인 거예요. 단지 그 정도예요. 돈을 더 벌어서 제가 그만큼 더 쓰겠다는 의미는 아니에요. 고정 지출을 늘리고 싶진 않으니까요.
	좋은 집으로 이사하고 싶은 생각도 별로 없고, 매일 식후에 디저트로 멜론이 나올 정도면 제 기준으로는 아주 호화로운 거예요. 1인분에 500엔 정도잖아요, 멜론은. 그러니까 통장의 숫자를 늘리는 정도밖에 할 일이 없어요.
	모든 사업을 혼자서 하는 것도 별로 좋지 않으니까 할 수 있지만 하지 않는 사업도 있어요. 다른 사람이 하는 것이 나은 일도 있으니까요.

전혀 모순이 아니에요. 경제적 측면으로 이익이 생기면 기분도 좋고 그런 것에 관심도 있지만, 그 금액 자체는 중요하지 않다는 뜻이죠. 말 그대로 하이 스코어.

돈을 벌어서 좋긴 해도 결과적으로 그 돈을 어떻게 하든 전혀 관심 없어요. 차에도 별로 관심이 없고 집도 마찬가지니까. '돈 버는 건 정말 재밌어, 신난다!'와 '돈을 벌었는데 그래서 뭐?' 하는 생각 사이에 모순은 없다고 생각해요.

pha   저한테도 그런 면이 전혀 없는 건 아니지만, 전 금방 싫증을 내니까요. 장사라는 건 어느 정도 지속성이 있어야 하고, 그러려면 몇 년 동안의 계획은 세워야 하는데 6개월 만에 질려서 그만두고, 또 그만두고 하면….

대단한 점장   그러면 경제적으로 당위성이 성립되기 힘들죠. 그래서 pha 씨한테 하루만 저희 바의 바텐더를 해달라고 하는 거예요.

그거라면 질려도 상관없으니까. pha 씨가 한구석에서 "아, 나른해라"라는 말만 해줘도 돈이 된다니까

요. (웃음)

pha   지금은 글을 쓰면서 돈을 벌고 있는데요. 그것도 재미있게 쓸 수 있을 것 같으면 쓴다고 하고, 아니면 안 쓴다고 해요. 얼마나 돈을 받는지는 별로 생각 안 하고요. 그 일이 즐거운가 아닌가로 결정하고 있거든요.

"돈 벌려고 하는 일이 아니야"라고 말하면 너무 과한가 싶기는 한데, 돈 같은 것들은 신경 쓰지 않고 하고 싶은 일만 하며 살고 싶어요. 그래서 요즘 의욕이 없어요. 돈을 벌겠다는 목적이 있는 편이 오랫동안 의욕이 유지되는 것 같아요. 돈을 벌고 싶다는 동기가 없으면 흥미가 떨어지는 순간, 의욕이 사라져버리니까요.

대단한 점장   pha 씨는 즐거움과 돈이 있으면 동기가 생기기는 하지만 그것도 그리 길게 가지는 않으니까, 글 쓰는 일처럼 단발적인 일 여러 개가 적당한 간격으로 들어올 때 제일 스트레스를 덜 받겠네요.

pha   음, 그런 것 같아요. 재미있는 일이 좋죠.

대단한 점장   뭐가 됐든 돈에 집착하지 않고 최대한 고생스럽지 않은 방식으로 살아가면 좋겠어요.

(2018년 6월, 긱 하우스에서)

풀 뽑기부터 시작하는
초라한 창업

샷킹다마 × 대단한 점장

초라한 창업의 반대인
'번듯한 창업'으로 큰 실패를 겪다

대단한 점장 샷킹다마 씨는 최근 출간한 책《발달장애인인 나를
먹고살 수 있게 만들어준 놀라운 업무 기술》이 대히
트를 하면서 주목을 받고 있는데요. 원래 금융기관
에 한 번 취직을 했다가 일을 제대로 할 수가 없어서
창업을 했다고 들었습니다. 저는 구직 활동 자체를
안 해봤지만, 우리 둘 다 평범하게 일하는 것이 무리
라서 창업을 했다는 공통점이 있네요.

샷킹다마 맞아요. 창업이긴 하지만 저는 점장님의 초라한 창
업과는 완전히 반대의 개념이었죠. 저는 어설프게

돈을 끌어모으는 재주는 있어서 출자를 많이 받았어요. 음식점이었는데 자금이 충분했기 때문에 큰 고민도 하지 않고 제 이상에 가까운 가게를 낼 수 있었죠. 아이디어든 장사를 할 수 있는 매장이든, 원래 완벽하지 않은 상태에서 시작해서 시간이 지나면서 드러나는 부족한 부분들을 채워가는 흐름이어야 해요. 지금 돌아보면 처음부터 모든 것이 충족된 가게를 낸 것이 실패의 원인이었던 것 같아요.

대단한 점장   자금도, 계획도 있고 준비까지 충분히 되어 있었으니 그야말로 초라한 창업의 정반대인 '번듯한 창업'이었네요.

샷킹다마   그래서 잘 안됐을 때 타격이 컸어요. 지금의 저라면 당시 자금의 절반 정도만 있어도 가게를 낼 수 있을 것 같아요. 물론 그동안 지식과 기술이 생겼기 때문에 가능한 일이겠지만요. 그래서 더더욱 처음 창업할 때는 돈이 많이 안 드는 초라한 창업을 해야 하는 것 같아요.

대단한 점장   정말 그래요. 한번 창업해보면 실패하는 길이 뭔지

도 알고 매일 잔고가 조금씩 줄어드는 절박한 사정
도 알게 되죠.

초라한 가게의 연이율은
1만 퍼센트

샷킹다마 점장님이 대단한 점은 기존에 있는 사업 중에 적성
에 맞는 일을 가장 미니멀하게 재구성하고 인터넷
에 떠다니는 각종 정보를 모아서 더 이상 작게 만들
수 없을 정도로 축소시킨 다음, 요리조리 잘 굴려서
돈을 벌어들인다는 것이죠. (웃음) '미니멀 효과'라
고나 할까요!

아까도 말했지만, 저는 큰 규모로 돈을 불리는 일에
만 너무 몰두했던 게 제 사업 실패의 원인 중 하나라
고 봐요. 그래서 초라한 창업이 정답이라는 것이죠.
결국 중요한 건 이율이니까요. 100 중에 1은 잃어봤
자 어차피 100분의 1일 뿐이지만, 100을 잃으면 다
없어지는 것이죠. 1을 10번씩 쏟아부으면 돼요. 저
는 처음부터 100을 다 쏟아붓고 무너졌기 때문에 눈
물을 머금을 수밖에 없었지만요.

대단한 점장	1은 잃어봤자 1로 끝날뿐더러, 잘만 풀리면 100이 될 가능성도 얼마든지 있어요. 저도 바를 시작했을 때는 이렇게 유행할 줄 전혀 몰랐거든요. 요즈음엔 건물을 빌려서 낮 시간에는 다른 사람에게 대여하는 투자 방법이 유행하고 있는데 연이율이 대략 50퍼센트 정도더라고요. 언뜻 보기엔 대단해 보이지만, 사실 저희 바의 이익은 1만 퍼센트인 셈이거든요. 애초에 투자금액이 너무 적었으니까요.
샷킹다마	점장님 가게의 그 입지, 그 월세에 그 정도로 돈을 벌면 일본 내 최상위급 아닐까요? 그 바를 이기려면 '미식의 본고장 프랑스에서 오랜 시간 동안 수련을 쌓고 돌아와 오픈한 좌석이 여섯 개뿐인 파인 다이닝' 정도는 돼야 할걸요?
대단한 점장	투자금이 워낙 적으니 혹시 잘못된다 해도 큰 타격을 입을 일은 없어요.
샷킹다마	저를 포함해서 창업을 하는 사람들은 일단 규모를 키우는 방향에만 집중하기 십상인데 잘되지도 않

는 가게를 키워봤자 리스크와 수고만 가중될 뿐입니다. 직원 1,000명에 매출은 100억 엔인데 이익은 1억 엔 정도 되는 기업들 있죠? 저는 그런 데가 지옥이 아닐까 싶어요. 그것보다는 한 사람 한 사람 유연하게 움직이다가 필요한 순간에 모여서 함께 일하는 쪽이 이득이 더 클 것 같거든요.

대단한 점장   요즘 젊은 창업가들 중에는 상장을 목표로 삼지 않는 사람이 많아요. 상장해봤자 괴롭기만 하다고요.

샷킹다마   점장님도 상장 같은 것 관심 없으시잖아요.

대단한 점장   전혀 없어요. 왜 제 돈벌이로 남들까지 돈을 벌게 해줘야 하는지도 모르겠고. 사회에 줘버릴 정도라면 차라리 팔지 않을까요. DMM(비디오 대여점으로 시작해, 현재 일본 최대의 콘텐츠 유통사로 성장한 기업)처럼, 장래성 있는 기업을 사는 곳들은 좋은 흐름을 타는 것 같아요.

샷킹다마   DMM도 상장 안 했죠. 상장을 안 하는 편이 훨씬 힘을 가진다고 생각해요. 자기가 쥐고 움직일 수가

있잖아요. 초라한 창업도 그렇고, 역시나 직접 운전
대를 잡고 있다는 건 강점이죠.

투자를 받는 사람들의 공통점

대단한 점장　초라한 창업은 초기 투자가 거의 필요하지 않지만,
그마저도 없는 사람은 출자를 받으라고 이 책에 썼
는데요. 샷킹다마 씨는 초라한 창업이 아니라 규모
가 큰 번듯한 창업이었으니까 큰 규모의 투자를 받
은 거겠죠.

샷킹다마　금액이 크긴 하지만, 투자자로부터 신뢰를 얻어야
한다는 점은 초라한 창업과 다르지 않았어요.
제일 먼저 해야 될 일은 '이 녀석은 돈을 들고 도망
가지는 않겠다'는 신뢰를 주는 거죠. 도망가버리면
기본적으로 민사기 때문에 경찰의 개입을 기대하기
어렵고, 돈을 애매하게 뜯기면 쫓아가는 것도 무리
니까요.
자금을 감추려고 하면 방법은 얼마든지 있습니다.
4,000만 엔어치의 영수증을 준비한다든지 하는 식
으로요. 이런 짓을 벌이지 않을 사람이라는 신뢰를

얻는 것이 첫 번째 조건이죠. 이 장애물을 어떻게 뛰어넘느냐가 관건입니다.

대단한 점장 은행이 직장인들에게 돈을 더 쉽게 빌려주는 건 이 녀석이 도망가도 회사에 말하면 된다는 생각이 있기 때문이잖아요. 집도 더 쉽게 빌릴 수 있죠. 그런 '보증 수단'이 있으니까요.

샷킹다마 집을 소유하고 있거나 가정이 있는 사람도 마찬가지예요. 쉽게 도망가지 못한다고 생각하니까 돈을 빌려주는 거죠. 젊은 창업가가 된다는 건 인간의 신뢰를 구성하는 그런 류의 외형을 다 잃는다는 의미예요. 여신(輿信)이랄 게 하나도 없죠.

대단한 점장 결국 무엇을 신용으로 보고, 무엇을 실적으로 삼는가의 문제죠. 저희 바에서는 투자자와 창업가를 위한 '매칭(matching) 바' 같은 걸 하고 있어요. 얼마 전에 나고야의 가게에서 100만 엔 정도의 투자가 있었던 모양이에요. 투자를 받은 젊은 친구는 트위터에 1,000명 정도의 팔로워가 있다는데, 그만큼 오랜 시간을 들여 관리해왔다는 면에서 의미가 있었던 거죠.

샷킹다마	집이나 가정도 마찬가지예요.
대단한 점장	네. 기본적으로 '적어도 몇 년 동안 꾸준히 했다'는 것의 큰 의미죠. 대학 졸업도 그렇고요. 입시 공부를 어느 정도 열심히 했고, 등록금을 낸 대학을 4년간 착실히 다녀 졸업했다는 데서 신용이 생기잖아요.
샷킹다마	맞아요. 그마저도 없으면 정말 미친 듯이 달려들어 승부를 볼 수밖에 없는 거죠.
대단한 점장	저도 그렇게 생각해요.

'이 녀석은 내 돈을 노리는 것이 아니다'라는 믿음

샷킹다마	그다음 중요한 것은 '이 녀석은 내 돈을 노리는 것이 아니다'라고 생각하게 만드는 것 아닐까요. 1억 엔은 훔칠지 몰라도, 눈앞의 10만 엔은 훔치지 않을 것이라는 신용도 있잖아요. 그 1억 엔이 10억 엔이 되면 신용이 높아지는 거죠.

대단한 점장   저는 10억 엔으로는 안 흔들려요.

샷킹다마   투자자와 사장의 관계에 이상적인 면만 있는 건 아
니니까요. '이 사람과 나 사이에는 굳건한 신뢰 관계
가 있어서 같이 진흙탕에 구를 수도 있고, 200만 엔
이 든 지갑도 걱정 없이 놔둘 수 있다'는 믿음이 있
는가, 아닌가는 중요한 문제죠. 이런 믿음이 있을 때
출자를 할 수 있는 것 같아요. 어떤 사업계획을 세우
는가는 전혀 별개의 문제죠. 가끔 훌륭한 계획을 세
우면 투자를 받을 수 있다고 생각하는 사람이 있는
데, 큰 착각이에요.

대단한 점장   전혀 아니죠.

샷킹다마   그것보다 중요한 건 '이 녀석이라면 100만 엔은 안
훔칠 거야'라고 생각하게 만드는 거죠. 여기서 훔치
지 않는다고 믿는 금액이 투자를 받을 수 있는 상한
선이에요.

대단한 점장   맞는 말이에요.

샷킹다마 점장님도 그렇죠. 저, 점장님한테는 1억 엔 정도는 맡길 수 있어요.

대단한 점장 저도 샷킹다마 씨에게 1억 엔은 맡길 수 있지 않을까요? 그 정도는 벌 수 있는 능력이 있기도 하고.

샷킹다마 거기서 도망가면 죽는 거죠.

대단한 점장 가족도 다 버려야 하는 거잖아요, 기껏 1억 엔 때문에. 가족이 있으면 처자식까지 같이 쫓겨 다녀야 되고요.

샷킹다마 한마디로, 아무것도 없는 창업가는 큰 액수의 투자를 받기 어려우니 회사를 그만두지 말란 얘기예요. 바꿔 말해, 회사를 다니는 동안 출자할 사람을 찾으라는 뜻이죠. 저는 "일단 100명 정도 만나고 와!"라는 얘기를 자주 하는데, 그러면 또 회사를 다니고 있으면 일이 바빠서 어쩌고저쩌고… 말들이 많아요.

풀 뽑기로 얻은 신뢰

대단한 점장   사실 저도 출자나 자금 제공을 받은 적이 있어요. 학생 단체에 있을 때 기부금을 모았는데, 그 회계 보고 내용을 제가 상세하게 블로그 같은 곳에 올렸어요. 이런 거 써봤자 어차피 아무도 안 읽겠지만 어쨌든 돈을 받았으니 해둬야겠다 싶어서요. 그랬더니 의외로 보는 사람이 있더라고요. 내역을 보고 나서 기부금을 내주시는 분들도 더 많이 생겼고요.

샷킹다마   예전에, 제가 관리하는 건물의 풀을 뽑아주고 했던 부동산 관계자가 한 분 있었어요. 그분이 지금은 엄청 대단한 분이 되셨어요. 손해를 보더라도 작은 일까지 하나하나 다 챙겨서 해주셨죠.

대단한 점장   풀 뽑기가 별거 아닌 것 같아도 그런 작은 행동 하나하나가 모여 신뢰의 기반이 되는 건 맞아요. 남의 집에서 하룻밤 신세를 지면 꼭 깨끗이 방을 치운다든가 하는 사소한 행동들도 신뢰를 쌓는 길이죠.

샷킹다마   이게 정말 중요한 지점인데, 물론 실적은 없는 것보다야 있는 편이 낫고, 당연히 가진 모든 걸 활용해야겠지만, 실적이 없더라도 신뢰만큼은 꼭 얻어야 돼요.

대단한 점장　맞아요. 누군가한테 일을 부탁할 때도 그래요. 트위터를 통한 일이라면 팔로워 수나, 자기소개가 있는지, 어떤 글을 올리는지 다 봐요. 트위터로 "강연 좀 해주세요" 해놓고 잠수를 타버리면 화난다고요. 결국 신용이에요. 모든 것이 신용과 연결돼요.

샷킹다마　초라한 창업이든 아니든, 창업가에게 필요한 건 역시 제로 상태에서 신용을 만들어내는 기술이에요.

대단한 점장　정말! 진짜 그래요.

샷킹다마　언변이 좋든가, 수완이 좋든가, 몸을 던져 일하든가 해야죠. 처음에 저는 출자자의 채권회수를 악착같이 도와주면서 미친 듯이 회수율을 올리곤 했어요. 수단이야 다양하겠지만 사업계획이 훌륭하다고 돈을 내주는 투자가는 별로 없는 것 같아요. 단순히 아이디어만을 보고 투자를 하는 사람은 없다는 뜻이죠. 오히려 일주일 만에 프로그램을 뚝딱 만들고 실제로 실행해버리는 사람한테는 투자를 할지도 몰라요. 그냥 '돈을 들여서~, 가게를 낸 다음~' 이런 식의 아이디어에는 투자를 하지 않아요.

대단한 점장 그러니까요. 멋있는 사람이 일을 벌이면 이해가 잘 안돼도 돈을 줘요. 이 사람이라면 괜찮지 하면서. 저희 바의 지점을 내고 싶다는 사람들이 많이 오는데, 뭔가 아니다 싶으면 역시 거절을 하거든요. 거절을 당할 때는 이유가 있기 마련이니 진지하게 받아들였으면 좋겠어요.

샷킹다마 어린 친구들은 참신한 창업 아이디어를 내거나 혁신을 일으키려고만 하지만요.

대단한 점장 역시 풀 뽑기를 해야죠. (웃음)

샷킹다마 기본은 풀 뽑기예요. 저도 돈 줄 사람을 위해 풀 뽑기부터 시작했는걸요.

왠지 즐거워 보이고,
어떻게든 항상 열어놓았더니

샷킹다마   사람을 고용하지 않는 것도 초라한 창업의 아주 중
요한 요소죠.

대단한 점장   맞아요. 사람이 필요할 때는 외주를 쓰면 돼요.

샷킹다마   점장님의 바는 바텐더를 고용하지 않고 매일 다른
바텐더가 기획한 이벤트를 하고 있는데, 이런 시스
템의 특성이 오히려 재밌는 이야기를 만들어내잖아
요. 사람들한테 입소문이 나는 계기가 되는 거고요.
어느 정도 이름이 있는 사람이 바텐더를 하면 'ㅇㅇ가
하는 가게'로 점점 알려지기도 하죠.

대단한 점장   그런 면이 있어요. 중간에 기획을 그만두는 사람도
엄청 많지만 이틀에 한 번 정도는 새로운 인물이 새
로운 기획을 가지고 연락을 해오니까요. 만나보고
아니다 싶으면 거절하기도 하지만요.

샷킹다마   그런 점을 감안하면 뭐랄까, 점장님의 바는 음식점

이라기보다 오히려 '전설의 라이브하우스' 같은 느낌이에요.

대단한 점장 아, 그럴지도 모르겠네요.

샷킹다마 정말 라이브하우스 같은 시스템이에요. 라이브하우스에서 연주하는 각각의 밴드를 보기 위해 손님들이 오잖아요. 바도 마찬가지죠. 사실 바의 손님은 바텐더인 셈이죠. 그 사람들에게 다시 각자의 손님이 붙는 거고요. 바텐더를 하고 싶다고 기획을 들고 오는 사람들은 점장님의 바에서 뭐가 됐든 재미있는 일을 하면 이름이 알려질지도 모른다는 야심이 있잖아요. 아주 좋은 현상이라고 생각해요.

대단한 점장 그렇게 해서 이익을 내주면 우리 입장에서도 좋은 일이니 윈-윈(win-win)이죠.

샷킹다마 고용하지 않은 사람들이 어떻게든 모여서 이익을 만들어내는 시스템이 하나의 형태로 자리 잡은 것은 점장님 덕분이에요. 저 역시 창업했을 때 애매하게 사람들을 끌어들이는 게 너무 싫었거든요.

대단한 점장	정식으로 고용하지 않는 사람을 공짜로 혹사시키는 죄책감 같은 건가요?
샷킹다마	저는 평등을 중시하는 성향이 강해서 그동안 회사의 이익은 모두 n분의 1로 나눠야 한다고 생각했어요. 그런데 얼마 전에 이런 일이 있었어요. 네 조각의 초콜릿이 있어서 어떤 사람에게 두 조각을 줬죠. 그랬더니 그 사람이 이러는 거예요. "샷킹다마 씨는 초콜릿이 네 조각 남으면 두 조각씩 나눠야 마음이 편한 사람이군요. 하지만 그게 꼭 맞는 건 아니에요. 한 조각 받는 걸 더 좋아하는 사람도 많아요. 사실 사람들은 무조건 평등하게 나눈다고 그렇게 기뻐하지 않아요." 이 말을 듣고 저는 굉장히 놀랐어요. 모든 것을 동등하게 나누는 것이 최선이라고 여겼는데, 사람들과 같이 제대로 일을 하려면 이런 무조건적인 평등에 관한 강박은 버려야겠다는 생각이 들더군요.
대단한 점장	맞아요. 그런 생각은 버려야 돼요. 일정한 금액이 그냥 들어온다니, 무슨 컨베이어 벨트 같잖아요.

샷킹다마　　인간은 그저 자동으로 돈이 지급된다고 기뻐하는 존재가 아니라는 거죠.

대단한 점장　　예를 들어서 지금 도와주러 와준 어시스턴트들도 오늘 일당은 전혀 없거든요. 강제로 하는 건 당연히 아니고요. 글쓰기가 특기니까 앞으로 조금씩 이런 일을 해나가고 싶다는 희망이 있고, 서로 신뢰 관계도 있으니까 와주는 거죠. 반대로 제가 그 입장이라면 무급이라고 생각하고 왔다가 수고했다며 건네받는 캔 커피 하나도 아주 기쁠 것 같아요. 돈이 없다는 이유로 하기 싫은 일을 한 시간 동안 억지로 해서 1,000엔을 버는 것보다 좋아하는 일을 하고 캔 커피 하나 받는 편이 훨씬 좋다고 생각해요. 물론 프로를 공짜로 쓰고 싶다는 말은 아닙니다. 오해하지 마세요.
어떤 사람들은 속임수다, 착취다, 같은 말을 할지도 모르지만 저는 이런 방식이 인간의 본능적인 감정과 더 잘 어울리지 않나 싶어요.

샷킹다마　　어시스턴트들이 오늘 이렇게 무급으로 와주신 것도 SNS 활동을 포함한 점장님의 실적이랄까, 지금까지 착실히 쌓아온 것들이 있기 때문이겠죠. 그냥 아무것도 아닌 사람이 일당 없이 어시스턴트 일 좀 도와달라고 해봤자 아무도 안 올 테니까요. 점장님에겐 그런 구심력이 있어요. 이 사람과 뭔가를 함께하는 것만으로 의미 있다고 생각하는 대상이 된다는 건 중요하죠.

대단한 점장   맞습니다. 좋은 신입들이 없다고 말하는 기업들이 많은데, 제 주위에는 대학을 갓 졸업한 우수한 사회 초년생들이 잔뜩 있어요. 딱히 고용을 한 건 아니지만 가까이에 있으면서 일을 맡아줄 수 있는 사람들이 정말 많거든요.

샷킹다마   취직을 안 했어도 우수한 인재들은 얼마든지 있죠. 특히 도쿄에는 많아요. 제가 창업했을 때보다 더 늘어난 것 같아요.

대단한 점장   구인 사이트에 모집 공고를 올린 적도 없고 사람을 고용하지도 않지만, 왠지 즐거워 보이고, 어떻게든 항상 열어놓았더니, 어찌어찌 사람이 모이는 거죠. 저희 바는 오픈한 지 이제 2년 정도밖에 안 됐는데

지금껏 1만 5,000명 정도 다녀간 것 같아요. 굉장한
숫자잖아요.

고용은
안 해요?

샷킹다마   저도 앞으로 돈을 벌기 위해 사람을 고용하는 일은
          없을 거예요. 애초에 고용 시스템이라는 것 자체가
          잘못됐다고 생각하거든요.

대단한 점장   저도 그렇게 생각해요.

샷킹다마   저는 악덕 기업이 존재하는 이유가 고용 시스템에
          있다고 봐요. 출근하면 돈이 나오는 상황 속에 사람
          들을 두면 악덕 기업이 사람을 흡수해버리는 형태
          가 되는 거죠.

대단한 점장   맞아요. 그야말로 '정해진 금액으로 시키는 무한 노
          동'이라 할 수 있는데, 시급을 지불하면 그 시간 안
          에 어떻게든 더 많은 일을 시키려고 하게 돼요. 사장
          의 입장에서는 말이죠. 생산성 향상, 업무방식 개혁

도 결국 그런 것이니까요. 돈을 지불하면 최대한의 출력을 뽑아내야 하죠. 시급일 때는 그 시간을 꽉꽉 채워서, 일당이라면 온종일, 월급이라면 한 달 내내 그러는 거예요. 생산성이 떨어지면 일을 더 하라는 말이 나오겠죠.

샷킹다마　　그래서 저는 시간을 지배하는 것에 대한 돈을 지불하는 시스템이 싫어요. 다만 여러 가지 이유로 꼭 고용이라는 시스템이 필요한 사람들도 있긴 하죠. 누군가가 고용하지 않으면 살기 힘든 사람도 있으니까요. 그래서 저도 한편으로는 그런 고용을 위한 밑작업을 하고 있어요.

대단한 점장　　고용은 책임도 너무 크잖아요.

샷킹다마　　엄청 크죠.

대단한 점장　　마르크스 경제학의 시점으로 보면 자본가와 노동자 사이에는 대립이 있죠. 하지만 현실에서 많은 경우, 사용자와 노동자는 양쪽 다 프롤레타리아트(임금노동자 계급)예요. 대부분의 자영업자들이 자본가는 아닌 거죠.

샷킹다마 사장과 자본가의 구별, 경영자와 자본가의 구별을
안 짓는 경우가 너무 많죠.

대단한 점장 확실한 구별이 필요해요.

샷킹다마 맞아요. 경영자가 곧 자본가라는 생각이 뿌리 깊게
자리 잡혀 있는데, 전혀 사실이 아니거든요. 저는 고
용된 사장이었는데, 결국 덤벼드는 노동자들과 짓
누르는 투자자 사이에서 전쟁이 일어나지 않도록
중간에 끼워둔 샌드백 같은 존재였어요.

대단한 점장 맞아요. 사용자와 노동자의 대립이 아니에요. 대립
의 이유는 시스템 속에 분산되어 있으니까요.

샷킹다마 친족 경영으로 크게 성공한 사람들 정도 아닐까요?
그만큼 리스크도 크지만요. 노동자들이 가진 가장
무섭고도 강력한 힘은 '내일 회사에 안 오면 그만이
야'라는 마음이에요.

대단한 점장   그렇죠. 쉬고 있는 사람에게 돈을 줘야 할 때도 있고, 돈을 주면서 쉬게 해야 할 때도 있고요.

샷킹다마   굉장히 중요한 부분인데, 일단 계약을 했으면 노동자는 자신의 권리를 모두 취해야 해요. 애초에 시스템이 좋지 않기 때문에 그 계약을 통해 인정된 권리는 유급 휴가든, 산재든 다 받아야 됩니다. 안 그러면 자발적으로 월급을 반납하고 있는 것과 마찬가지니까요.

보수는 시간이 아닌
성과에 대한 지불이다

샷킹다마   제가 창업하고 정말 후회했던 점은 회사를 내면화하고 있었다는 거예요. 회사라는 이전 시대의 시스템이 상당히 내면화된 상태에서 설익은 평등주의까지 더해졌으니 실패할 수밖에 없었죠. 아마도 앞으로의 창업에서는 고용이라는 개념이 점점 줄어들 거예요.

대단한 점장   그럴 겁니다. 한 세대 아래 친구들만 봐도 전혀 달라요. 즉, 무언가를 위해 한번에 모였다가 얻은 걸 배분하고, 다시 흩어지는 흐름이란 말이죠. 돈에 대한 의식도 점점 낮아지고 있어요.

샷킹다마 '이합집산(離合集散)'의 사회가 되면 좋겠어요. '지금부터 커다란 나우만코끼리를 잡겠으니 창 가지고 20명 집합!' 같은 느낌으로요.

대단한 점장 초라한 창업은 모든 고정지출비를 줄여간다는 사고 방식이 기본이에요. 그러니까 프로젝트별로 모여서 일하게 하고 거기에 대한 보수를 준다는 생각은 아주 합리적이죠.

샷킹다마 보수는 시간 같은 것이 아닌, 성과에 대한 지불이어야 한다는 생각이군요.

대단한 점장 그런 의미로 고용이라는 시스템이 유지되는 분야는 이 시간에 일정 인물이 '존재'하지 않으면 안 되는 일 정도가 아닐까요.

샷킹다마 대기업 같은 곳에는 고용 시스템이 남겠지만, 작은 기업들은 점차 분산될 거라고 생각해요. 한 가지 확실히 말할 수 있는 건 있죠. 평범하게 사람을 고용하는 기업은 인재를 육성할 수 있다는 장점을 가진다는 거요.

대단한 점장   그렇죠. 아까도 말했지만 회사는 아무런 성과를 내지 않은 사람에게도 보수를 지불하기 때문에 성과를 내는 사람이 손해를 봅니다. 이런 시스템이라면 잉여로 사람을 키울 수가 있죠.

샷킹다마   맞아요. 딱히 특화된 능력이 없더라도 가령 사무를 볼 수 있게 만든다거나, 엑셀로 장부를 딱딱 정리할 수 있게 만든다거나 제로 상태에서 이런 것들을 교육시킬 수 있죠. 그런 장점은 있어요.
저 같으면 누가 매달 청구서만 만들어줘도 3만 엔 정도는 지불할 것 같아요. 회사는 그런 능력을 키우기에 편리한 곳이죠.

인성이 좋은 것만으로도 무기가 된다

대단한 점장   저도 원래 혼자서 모든 걸 해결할 생각은 전혀 없어요. 대기업 같은 곳에서 일정 기간 이상 일하던 사람이 더 이상 조직에 있기 힘들어졌을 때 회사에서의 경력을 살려 함께 무언가를 하거나, 아니면 그들에게 일을 의뢰하거나 하는 경우도 얼마든지 있죠.

샷킹다마   그런 사람이 주변에 있으면 아무 경험이 없는 이들도 그 사람들을 보고 능력을 키울 수 있잖아요.

대단한 점장   그렇죠. 내가 이 부분에 훈련이 부족하구나 하고 깨달으면 훈련을 하면 됩니다. 한 가지 능력만 있으면 살아갈 수 있는 세계니까요.

샷킹다마   그렇습니다. 결함이랄까, 자신의 부족한 부분은 다른 사람의 힘을 빌리면 되죠.

대단한 점장   한 가지 능력만 있으면 그 능력을 제공하고 부족한 부분은 도움을 받으면서 서로의 결함을 채워나갈 수 있어요.

샷킹다마   프리랜서와 초라한 창업의 경계는 굉장히 모호하지만 초라한 창업이든, 프리랜서든 할 마음이 있다면

한 가지 능력 정도는 가지고 있는 편이 좋아요. 대
단한 능력일 필요는 없습니다. '아침에 잘 일어난다'
같은 것도 괜찮죠. 회사를 그만둔 후 '무(無)'의 상태
로 3년 정도 지내면 그야말로 완전한 '무'가 되어버
리니까, 완전한 '무' 상태에서 시작하려면 조금 힘든
부분은 있을지도 몰라요.

대단한 점장   인성이 좋다는 장점 같은 것도 괜찮죠. 그 사람이 있
으면 주변이 밝아진다거나 하는 정도로도 충분해
요. 자신이 무엇 하나 가진 것 없는 '무'의 상태라고
생각하는 사람은 일단 그런 점을 목표로 삼는 것이
좋을 듯해요.

넘어지는 것이 전제

샷킹다마   점장님의 강점 중 하나는 일단 '해본다'는 자세 같아
요. 행동하느냐, 하지 않느냐는 아주 중요한 문제예
요. 하지 않으면 영원히 '무'의 상태에 머물게 되죠.
물론 누구에게도 기대지 않고 혼자 감당할 수 있는
상태에서 창업을 하는 것이 베스트지만, 인성이라
든지 여러 가지 기능을 몸에 익히기 위해 창업을 하

는 경우도 있을 수 있어요. 일단 해본다는 선택권도 있죠.

대단한 점장 얼마든지 가능하죠. 창업 그 자체가 훈련이 되니까요. 손님이 전혀 오지 않을 때는 '아니, 이렇게까지 사람이 없다고?' 싶을 정도로 손님이 없거든요. 일상다반사예요. 반대로 '이런 사업으로 돈을 번다고?' 싶은 일로 돈을 버는 것도 일상다반사고요.

샷킹다마 핵심은 넘어져도 죽지 않는 거예요.

대단한 점장 오히려 넘어지는 것이 전제라고 할 수 있죠. 제 블로그에도, 이 책에도 가게에서 살면 된다고 써놨는데 이 또한 실패하는 걸 전제로 '어차피 고객이 안 올 텐데 가게에서 살아도 상관없잖아'라는 사고방식이에요. 매출이 0엔이라도 집이니까 괜찮은 거죠. 원래 집은 돈을 버는 곳이 아니니까요.

샷킹다마 중요한 건 지금 '무'의 상태일지라도 해보면서 배우는 것이 가장 빠른 길이라는 사실이에요. 어차피 아무것도 없으니 일단 해보자는 거죠.

누구나 마음먹고 덤비면 100만 엔 정도는 수중에 들어올 거예요. 어쩌면 100만 엔으로 할 수 있는 일이 있을지도 모르고, 만약 돈을 날렸다 해도 100만 엔 이상의 가치를 지닌 경험을 얻게 되겠죠.

죽지는 않을 만큼만, 자신이 잡아먹히지 않을 정도의 선만 지키며 해나가면 되는 거예요. 점장님도 여러 번 실패를 했었고, 저도 남들 모르게 엄청난 실패를 한 적이 있지만, 넘어져도 죽지 않는다는 게 중요한 거예요. 저는 6,000만 엔을 내고 손에 넣었던 것을 점장님은 고작 수백만 엔으로 얻었잖아요. 창업에서의 가장 큰 비법은 죽지 않는 거라고 생각해요.

대단한 점장   전적으로 동의해요. 정말로, 죽지 않는 창업이 중요하죠.

샷킹다마   그래서 초라하게, 즉 최소한의 투자로 최대한의 이율을 노리는 자세가 아주 중요한 거예요. 저는 어쩌다 큰돈이 모였고, 큰 규모의 창업을 해버렸죠. 저는 마치 하늘에서 돈이 떨어지는 것처럼 말하는 게 특기인데요. 그렇다고 정말 하늘에서 돈이 떨어지지는 않아요. (웃음)

대단한 점장　(웃음) 정말 그렇죠.

샷킹다마　100만 엔을 유용하게 써서 뭐든 시작해보는 거예요. 개업 신고도 하고 손님을 상대로 무언가 판매해 청구서를 끊어보기도 하고, 1년 동안 필사적으로 이리저리 뛰어다녀보는 거죠.

대단한 점장　저도 그 생각에 동의해요. 그러다 나중에 망해도 상관없어요.

샷킹다마　가능하면 최대한 '잘 망하자'는 생각은 있지만요. 적어도 1년 정도만 버티면 어떻게든 살아갈 수는 있게 될 거예요.

대단한 점장　아르바이트랑 병행해도 괜찮을지 몰라요.

샷킹다마　맞아요. 아르바이트를 하면서 창업을 하면 좋을 것 같아요. 일단 '무'에서 벗어나도록 노력하고, 현재 자신이 '무'의 상태라면 최대한 '유(有)'로 바꾸는 거죠. 창업을 할 생각이라면 일단 지금 가지고 있는 것들로 어떻게든 싸워나갈 수밖에 없어요. 그다음, 점장님이 아까 '넘어지는 것이 전제'라고 하셨듯이 초라한 창업이 반드시 성공한다는 보장은 없다는 점, 어떻게든 해나가는 수단에 지나지 않는다는 점을 강조하고 싶어요. 회사를 다니기도 힘들고, 이렇다할 자격증도, 돈도 없는 사람이라면 아르바이트를 하든지, 초라한 창업을 하든지, 아르바이트를 하면서 초라한 창업을 하든지 정도의 선택지밖에 남지 않을 테니까요.

대단한 점장 그렇죠. 저 역시 그런 식으로 시작했어요. 절대로 회사 근무는 못 하겠다는 생각이 있었기 때문에 이 길을 선택했는데, 지금 생각해보면 제가 근무할 만한 회사가 어딘가에 있었을 것 같기도 해요. 더 열심히 찾아봤다면 말이죠. 하지만 당시에는 회사는 절대 못 다닌다는 생각밖에 없었어요.

그러니까 저처럼 회사에 다니는 건 무리라고 생각하는 사람은 도대체 자신이 다니는 회사의 어떤 점이 문제인지 분석해봤으면 해요. 그 회사가 문제인지, 아니면 그 사회에 문제가 있는지. 원인은 정말 다양하니까요.

샷킹다마　지금까지는 무리였더라도, 큰맘 먹고 최선을 다해 매출을 올려서 강력한 한 방을 날리면 잠잠해지는 회사도 있거든요. 신기하게도 세상에는 악덕 기업이 체질에 맞는 사람이 꽤 있어요. 저도 그렇거든요. 환경이 좋은 기업에서 치밀하게 관리를 받으면서, 세세하게 나눠진 일을 차근차근히 하는 것보다 뭘 하든 상관없으니 매출을 올려오라는 지시를 받는 편이 훨씬 즐겁다고 생각하는 사람도 분명히 있다고요.

대단한 점장　'회사랑 안 맞아'라는 이 한마디에도 '아침마다 제시간에 일어나기가 힘들다', '전철 타는 것이 너무 싫다' 같은 각양각색의 이유가 있죠.
확실히 창업은 힘들긴 해요. 저는 회사랑 맞지 않는 이유가 너무 복합적이라 결국 창업을 선택할 수밖에 없었지만요.

샷킹다마　저도 마찬가지인데, 역시 스스로를 분석하는 시간은 필요한 것 같아요. 구직 활동을 하든 투자를 받든 똑같아요. 자기 안의 무언가를 돈으로 바꿀 수 있느냐 없느냐의 문제니까요.

'초라한 창업'은 아직 그다지 명문화되지 않아서 대단한 점장님과 저 정도가 먼저 시작한 느낌인데요. 앞으로 새롭게 시작하시는 분들은 저희를 이리저리 살펴보고 이것저것 훔쳐갔으면 좋겠어요.

대단한 점장　네. 그리고 시도해본 결과 실패했다 해도, 자신이 책임지고 한 일이니 깔끔하게 마무리 지을 수 있고, 다음으로 넘어가기도 쉽거든요.

작은 일부터 하나하나 해봅시다

샷킹다마　'초라한 창업'이라는 것이 넘어지는 것을 전제로 하기는 하지만, 창업이라는 건 누군가의 힘을 빌리더라도 결국 자기가 하는 일이에요. 그런데 창업과 취업을 구별 못 하는 사람들이 있는 것 같아요. 가령, 실제로 잘 안 됐을 때 '○○ 씨 말을 듣고 창업했다가 망했어! 어쩔 거야?'라는 식으로 책임을 추궁한다면 곤란합니다.

대단한 점장　가끔 "어떻게 해야 창업을 할 수 있나요?" 하고 묻는 사람들이 있는데, 그럴 때는 "아, 나도 몰라!"라고 해버리고 싶죠.

샷킹다마   "사업자 등록을 하면 될걸요?" 정도의 대답밖에 해 줄 말이 없잖아요.

대단한 점장   "프리랜서가 되려면 어떻게 해야 돼요?" 같은 질문들 말이죠. 그런 답을 정리해주길 바라는 사람은 그냥 적당한 회사에 가라고 말해주고 싶네요.

샷킹다마   그건 기술도 가르쳐주고, 고객도 소개시켜달란 뜻 아닌가요? 요즘 글을 쓰고 싶다면서 찾아오는 사람들이 많은데요. "일단 1년 동안 하루 200개 정도 트위터에 글을 올려보세요"라고 말하면 다들 알아서 돌아가더라고요. (웃음) 믿기 어렵지만, 창업하고 나서 "이런 걸 줄 몰랐으니까 책임져!"라고 말하는 사람들도 꽤 있어요. 앞으로 초라한 창업의 개념에 따라 상황 변화에 신속하게 대응할 수 있는 형태의 사업을 하는 것이 일종의 사회현상이 되지 않을까 싶은데요. 창업하고 싶어 하는 사람이 확 늘지 않을까요?

대단한 점장   저는 '회사를 당장 그만둡시다!'라는 얘기를 하는 게
아니에요. 정말 버티기 힘들면, 이런 삶의 방식도 있
다는 것이죠. 만약 할 만하다면 회사를 다니는 편이
나아요. 그렇지만 회사 다니기가 싫다면 초라한 창
업을 하는 것도 방법이라는 말입니다.

샷킹다마   저도 그 점을 엄청 신경 쓰고 있는데요. 괴로우면 그
만둬도 괜찮다는 말은 하지만 그만두라는 직접적인
권유는 절대 하지 않으려고 해요.

대단한 점장   뭐, 당연한 이야기지만 초라한 창업을 한다고 인생
이 다 잘 풀리는 건 아니니까요.

샷킹다마   남들 눈에는 지금의 점장님이 굉장히 빛나 보이겠
지만, 점장님도 처음에는 자잘한 궂은일들을 수없
이 했고, 그런 사소한 일이 쌓이고 쌓여 사람들을 모
으고, 차곡차곡 이뤄낸 것들이 비로소 반짝거리는
거잖아요.

대단한 점장   오늘도 여기까지 자전거를 타고 왔고, 바의 화장실
청소나 휴지통 비우기도 다 직접 해요.

초라하게 창업해서 잘 살고 있습니다

샷킹다마　원고를 쓰는 일도 돈을 아주 적게 주는 것부터 시작
했지만 조회수가 올라가니 여러 회사에서 의뢰가
들어왔어요. 그저 단가가 싼 단순 작업에 장래성이
'무'인 일들도 있으니 그것들은 잘 걸러내야 하지만
요. 초라한 창업의 경우, 어디 떨어진 일 없나 하고
찾아다니는 것도 중요하다고 생각해요. 결국 일을
줍는 것부터 시작할 수밖에 없는 거죠. 니즈가 있을
법한 곳을 찾아다니며 직접 영업을 하는 친구들은
이미 굉장한 힘을 가진 거예요.

대단한 점장　다시 풀 뽑기 얘기로 돌아가는데, 그걸 잘하면 규모
가 큰 다른 일도 들어와요. 경영자나 일을 의뢰하는
쪽도 계속 풀 뽑기만 시키기는 미안하다는 마음이
있으니까요.

샷킹다마　풀 뽑기를 10번 부탁했는데 그 10번을 완벽하게 해
낸 인재는 오히려 절대 놓치지 않죠. 더 큰돈이 될
테니까요.

대단한 점장　그렇죠. 결국은 풀 뽑기를 완벽하게 하라는 이야기
로 마무리되네요. (웃음)

샷킹다마 어쩌면 풀 뽑기를 우습게 보는 사람은 크게 당하고 말 겁니다.

대단한 점장 분명 그럴 거예요. 아주 사소한 부분이지만, 정말 그래요.

샷킹다마 그 풀 뽑기에 은근 감동해서 1억 엔 정도 출자해주는 사람도 있지 않을까요? (웃음)

대단한 점장 있을 거예요, 분명. 그러니까 해봅시다. (웃음)

(2018년 6월 도쿄 모처에서)

다시 말씀드리지만, 초라한 창업이라는 수단을 활용해 어느 정도의 노하우를 익히면, 최소한의 생활 영위는 그리 어렵지 않습니다. 하지만 모두가 반드시 성공한다는 보장도 없고, 무한하게 돈이 샘솟는 방법이 아닌 것 또한 사실입니다.

'학교생활이 고달프다, 아르바이트를 하든 뭐를 하든 어느 하나 잘 풀리지를 않고 구직 활동에도 실패했다, 취직을 해본 적도 있는데 일을 전혀 못 했다.' 이런 사연을 가진 사람이 무척 많은데 거기서 '아, 역시 난 안 돼. 낙오자라고. 살아갈 가치가 없어'라면서 다른 사람이 정한 가치관이나 룰에 얽매여 인생을 내던져버리는 것은 너무도 아까운 일이라고 생각합니다. 그런 사람에게 '당신에게 보이는 길만이 길이 아니며, 다른 방향으로도 산에 오를 수는 있어요'라고 제시하는 것이 바로 이 초라한 창업의 개념입니다.

초라해도, 사람은 살아갈 수 있습니다. 비관할 것 없습니다. 살기 힘든 사회라고 다들 말하지만, 약간의 방법만 알면 사회가 당신에게 적의만 드러내지는 않을 것입니다. 고정지출을 줄입시다. 자신이 할 수 있는 아르바이트를 합시다. 그것도 어렵다면 부모님에게 의지합시다. 아무리 해도 안 될 때는 사회보장제도가 당신을 도와줄 것입니다.

어차피 마음먹은 대로 되는 인생 같은 것은 없습니다. 그렇다면 흐름에 맡기고 자신이 살기 편한 방법으로 살아가는 것이 스트레스가 없는 만큼 더 편하겠죠. 성공하면 자신의 덕이고, 실패해도 자기 탓입니다. 이런 실패라면 도저히 갚을 수 없을 만큼의 빚을 지지 않는 한, 몇 번이고 다시 일어설 수 있습니다.

여러분께 건네는 '해봅시다'라는 말은 '제가 해드리겠습니다'라는 뜻도 아니거니와, '당신이 어떻게 하든 제 알 바 아닙니다'라는 뜻 또한 아닙니다. 여러분이 무슨 일을 하기 위해 자기 나름의 액션을 취한다면, 저는 온 힘을 다해 응원하겠습니다! 최종적으로 실행에 옮길지 말지는 여러분의 선택이지만, 일단 움직여서 무엇

이든 해보는 것이 어떨까요? 그 첫걸음이 제일 힘들다는 것을 저
또한 잘 알고 있습니다.

　　누군가로부터 자금을 끌어올지 생각해봐도 좋고, 창업 자금
을 모으기 위해 아르바이트 면접을 봐도 좋고, 공간을 미리 알아
보러 부동산에 가도 좋습니다. 우선은 오늘이든, 내일이든 '여러
분 나름의 한 걸음'을 내디디면 됩니다.

　　해봅시다.

대단한 점장,

야우치 하루키

옮긴이 황국영

서울예술대학에서 광고를 공부하고 와세다대학원에서 표상미디어론을 전공했다. 기획자, 문화마케터로 활동했으며 지금은 말과 글을 짓고 옮기는 일을 한다. 『미식가를 위한 일본어 안내서』, 『クイズ化するテレビ : ＴＶ, 퀴즈가 되다』를 썼고 『모쪼록 잘 부탁드립니다』, 『그렇게 어른이 된다』, 『밤에만 문을 여는 상담소』 등을 옮겼다.

초라하게 창업해서
잘 살고 있습니다

야우치 하루키 지음
황국영 옮김

초판 1쇄 발행 2022년 1월 28일
초판 4쇄 발행 2024년 9월 13일

발행 책사람집
교정교열 김승규
디자인 오하라
일러스트 최광렬
인쇄 및 제작 세걸음

ISBN 979-11-973295-7-9 (03320)

책사람집
출판등록 2018년 2월 7일
(제 2018-000269호)
주소 서울시 마포구 토정로 53-13 3층
전화 070-5001-0881
이메일 bookpeoplehouse@naver.com
인스타그램 instagram.com/book.people.house/
블로그 post.naver.com/bookpeoplehouse

이 책은 저작권법에 따라 보호받는 저작물이므로 무단 전재와 무단 복제를 금합니다. 책 내용의 전부 또는 일부를 이용하려면 반드시 저작권자와 책사람집의 서면 동의를 받아야 합니다.
파본은 구입처에서 바꿔 드립니다.